QUEER:
A GRAPHIC HISTORY
圖解酷兒史

作者｜梅格—約翰·巴克
(Meg-John Barker)

繪者｜朱爾斯·席利
(Jules Scheele)

譯者｜Zito Tseng　審訂｜劉文

＊譯註：本書中指涉人物的代名詞，均譯作中性的「他」及「他們」。唯有第145頁指涉女性的性別代名詞譯為「她」。

怎麼介紹酷兒理論

介紹酷兒理論（Queer Theory）是件充滿挑戰的事。為什麼？以下是其中一些原因：

> 酷兒理論有許多版本，不只一種，而且其中一些還互相矛盾。

> 酷兒這個詞本身也有著多種含義。

> 當酷兒理論開始萌芽，大家已經開始在問它是不是已經過時了。

> 許多酷兒理論學家拒絕說清楚酷兒理論是什麼。他們認為這理論抗拒定義，也無法被定下來。

> 酷兒理論經常被批判艱澀難懂，充滿困難的詞彙。

> 它是個拒絕被規訓的學門。
> ——尼基·蘇利文＊

＊《酷兒理論導論》（A Critical Introduction to Queer Theory，2003）的作者。本書將介紹多位重要作者。請記住，插畫中的對話框並不是他們的實際用字。為了傳達他們的概念，用字上有改動，並非與原文完全一致。

你是誰?

編寫這本書的過程中,我們想像它對這些人會有幫助。

把話說清楚

大家都知道，任何簡介只能囊括全貌的一角，不可能涵蓋酷兒理論整個複雜、多元且不斷變化的世界。這本書的目標是：

- 激起你的興趣，讓你想了解更多（本書的最後有一份延伸資源清單）
- 解釋酷兒理論為什麼是必要的，對於質疑那些普遍但有問題的關於性、性別、身份的假設。
- 盡可能淺顯易懂地介紹酷兒理論的核心概念與思想家，包括其中的內部拉扯，以及酷兒理論近年發展的一些不同方向。
- 從酷兒理論之中，擷取出對日常生活、情感關係和社群最有用的部分。
- 重點是要邀請你踏入酷兒理論，並鼓勵你嘗試酷兒思考。

我們要去哪裡

這本書中,接下來我們要:

1. 探索「酷兒」這個詞的各種含義。
2. 思考泛西方文化如何理解性(sex)與性向(sexuality)*,以及酷兒理論如何挑戰這樣的理解。
3. 介紹一些重要的學者、作家和抗爭運動,他們是酷兒理論發展的基礎。
4. 解釋酷兒理論最初提出的幾個重要概念,以及這些概念的起源。
5. 描述酷兒理論如何與流行文化、生物學和性學互動交流。
6. 說明對酷兒理論有哪些重要批判,酷兒理論內部的拉扯,以及酷兒理論學家如何回應這些批判與拉扯。
7. 概述酷兒理論近年有哪些主要走向。
8. 提出在日常生活中可以如何更酷兒地思考。

* 譯註:sexuality 有數種華文翻譯,包括性、性向、性相、性性、情慾,以及性機制等。相對於較狹義的 sex 通常用於指稱性行為與生理性別,sexuality 是意涵上更廣泛的性,包括生物、心理、社會、文化等面向。本書中將主要譯為性向,包含但不限於狹義針對性別的性向。

「酷兒」是什麼？

「酷兒」在不同時間地點有各種不同含義。它原本指的是怪異或不一樣，後來變成用來侮辱人的話。現在則已被奪回（reclaimed）並重新定義為正面意義的詞。

「酷兒」是一個傘狀統稱，涵蓋了所有不符合異性戀正典（norm）的人，以及挑戰 LGBT（女同志、男同志、雙性戀和跨性別）「主流」的人。透過不同的思考或行為方式，它也是挑戰性別（gender）和性向正典的一種方式。

「酷兒」代表奇怪

在 16 世紀的英語國家,「酷兒」最初的意思是指奇怪或不正當的東西,就像「沒有東西比凡人更奇怪(there's nowt as queer as folk)」*,以及「在怪街上(in queer street)」的意思是經濟有困難的人。

在 19 世紀,社會改革者與合作社運動的發起人勞勃·歐文(Robert Owen),用酷兒表示不尋常,他對同事說過這句名言:「除了你和我之外,整個世界都是奇怪的(queer),即使你也有一點奇怪。」

即使在 20 世紀初,例如在亞瑟·柯南·道爾(Arthur Conan Doyle)的福爾摩斯故事中,「酷兒」仍然經常被這樣使用。相似時期的美國諺語「怪的像是(queer as)三元鈔票」**,則暗示著某件事奇怪及可疑。

> 第歐根尼聚樂部是倫敦最奇怪的聚樂部,邁克羅夫特則是最怪的人之一。

*編註:言下之意是人有千奇百態。

**編註:因為美國從來沒有流通過面額三元的鈔票。

「酷兒」作為仇恨言論

「酷兒」作為恐同侮辱詞語，據說最早出自 1894 年昆斯伯里（Queensberry）侯爵約翰·修爾托·道格拉斯（John Sholto Douglas）所寫的信。他是阿爾弗雷德·道格拉斯（Alfred Douglas）的父親，並聞名於指控奧斯卡·王爾德（Oscar Wilde）與他的兒子有親密關係。

「酷兒」很快的成為一種貶損詞，針對同性性行為，或受同性吸引的人，特別是「陰柔」或「坎普（camp）」的男同志。

「酷兒」也被用為一種更通泛的羞辱，透過對同性吸引力的聯想，來暗指事物可疑可議。就像近期「這好同志（gay）」是在暗示某事物很垃圾。

重奪「酷兒」

面對種族歧視、性別歧視、恐同和其他形式的壓迫，一種抗爭策略是被羞辱的族群會奪回並重新定義那些字。重奪的例子包括「尼哥（nigger）」、「蕩婦（slut）」、「歹客（dyke）」和「娘砲（faggot）」。

1980年代，LGBT社群開始重奪「酷兒」這個詞，把它用作描述自己的中性詞彙，或是一種積極正向的自我認同。1990年，運動組織酷兒國度（Queer Nation）在紐約驕傲遊行（New York Pride）中發放的傳單「酷兒看過來」就是個早期的案例。

如今「酷兒」已經作為中性或正向詞彙進入主流文化，像是《同志亦凡人》（Queer as Folk）或《酷男的異想世界》（Queer Eye for the Straight Guy）等電視節目。這裡的「酷兒」通常代表「男同志」，有時也用來暗示他們擅長刻板上屬於「女性」的事務。

酷兒傘？

「酷兒」也經常被當作傘狀統稱，泛指所有不是**異性戀**（受「相反」生理性別吸引）或**順性別**（保留使用出生時被指定的性別）的人。比起不斷延長的 LGBTTQQIA 字串，這樣的統稱更俐落也更全面。

然而……這樣的用法也有各種問題。「酷兒」在過去被用作為污辱人的髒字，對許多較年長的人來說，這依然是痛苦的回憶。許多酷兒運動者也不同意這樣的用法。對他們來說，酷兒是關於距離「正常」更遠更邊緣的人。酷兒理論學家對「酷兒」作為一種身份（identity）也有所疑慮。

更酷的傘？

許多酷兒運動者認爲「酷兒」是指不屬於主流的統稱：既不屬於異性戀／順性別主流，也不屬於 LG（BT）* 主流。

他們指出追求「平等」並不總是帶來「平等的好處」，並質疑同志權利運動關注聚焦的方向，像婚姻、消費文化、兵役等議題。

也許該把關注放在酷兒傘下最邊緣的群體，例如那些每天都面臨暴力、自殺、貧窮和無家可歸風險的人。

> 我們的優先考量常常和中產階級白人男同志「場景」非常不同。

> 也許我們應該質疑婚姻這樣的制度一而非加入。

---

* 這裡爲 B 和 T 加上括號，是因爲 LGBT 權利議題常常是以男同志與一部分女同志爲中心。

12

酷兒化酷兒

這兩種酷兒傘都可能在維持誰是／不是酷兒的二元劃分，而這樣的區分也往往是基於**身份**。

酷兒理論的核心就是在於打破這樣的二元論（binaries），因為二元論過度簡化世界，認為所有事情非**此**即**彼**。因此酷兒理論必然將質疑這種區分人在傘下／傘外的定義。

酷兒理論也是關於質疑身份。它挑戰任何僵固的身份類別，包括女同志、男同志、雙性戀、無性戀等。如果酷兒也被用作為一種固定身份類別，酷兒理論也同樣會挑戰這樣的用法。如果你還看不太懂我們在說什麼，別擔心，我們等等會再更仔細說明。

酷兒的多重宇宙

試著記住剛剛所提到的，酷兒的多重（有時互相矛盾的）含義。

「酷兒」可以是：

名詞：
「一群酷兒」

動詞：
「酷兒化某件事」

形容詞：
「酷兒社群」
「我的親密關係相當酷兒」

酷兒理論通常將「酷兒」視為動詞。酷兒是我們做的行為，而非我們是什麼（或不是什麼）。

當我們在抵制「正典化政權」，就是在酷兒化事物，抵抗「正典」的理想，抵抗渴望在身份、行為、外貌、關係等面向保持正常。

麥可‧華納（Michael Warner），《正常的麻煩》
（The Trouble With Normal，1999）作者

14

酷兒干預

這本書中提及了三種相關但稍有不同的酷兒學門或干預方式。

- 酷兒運動（queer activism）是一種**性向／性別運動**，反對同化主義者試圖展示 LG（BT）有多「正常」。相反的，它頌揚差異和多樣性，並挑戰同志場景商業化這類的事。

> 不是快樂同志，酷兒是去你的！

- 酷兒研究（queer studies）是一種**學術學門**，試圖比女同志和男同志研究更進一步，涵蓋其他性向。並對性向的整體光譜（包含異性戀）採取更批判的態度。就如同有些婦女研究學系改名為性別研究學系，因為陽剛氣質與其他性別也是重要的研究領域。這是個**跨領域學門**，因為它借鑑於許多其他學門，像是社會學、地理學、歷史學、文學、文化研究、媒體研究。

- 酷兒理論（queer theory）是一種比酷兒研究更進一步的**理論**方法，質疑當下流行和學術背後的分類和假設。

酷兒的共同之處：反身份政治

酷兒運動、酷兒研究和酷兒理論通常都反對**身份政治**：也就是根據身份（例如作為一個女同志、男同志、雙性戀或跨性別）來爭取權利的概念。他們會指出，把自己或他人**固定**為某種類型的人是有問題的，即使透過這樣的定義可以獲得相關權利。定型可能會讓人們感到僵固、無法改變，或只看見自己的某一部分，而看不到全貌。

> 我參與的運動並不總和我教的理論相符，但它們往往有所相通。

酷兒運動、研究和理論之間有許多共通之處。三者都是多元的：實際上有許多種酷兒運動、酷兒研究和酷兒理論，各自有不同焦點，也可能彼此間相互衝突。

我們怎麼開始這樣看待性的：(非常) 簡化的歷史

酷兒理論的關鍵之一是，我們對性、性別、身份 (和幾乎所有事物) 的理解都受**脈絡**影響。這意味著它們在不同時間和文化中，會被以相當不同的方式理解和實踐。

因此，我們必須先概述對它們的理解是如何演變為現今的形態。首先我們將聚焦於性向，稍後會再回到性別和身份。

理解取決於脈絡

重要的是,酷兒理論不把我們目前的觀點視為「正確的」,彷彿有一個持續前進的過程,由西方文化引導,隨著時間往更好、更真實的理解靠近。

相對的,我們現下的理解只是眾多可能性之一。以自慰(solo sex)為例,在 19 世紀,「手淫(onanism)」被認為會造成各種身心問題,當時還設計了各種工具來防止人們自慰。

現在自慰則是性治療師會開的處方,用來幫助人們擁有更好的性生活。即使如此,但它依然不被視為是「恰當」的性行為。尤其涉及網路色情時,它常常被認為是危險的癮頭。

早期性學家

19 世紀末，理察·馮·克拉夫特—埃賓（Richard von Krafft-Ebing）、馬格努斯·赫希菲爾德（Magnus Hirschfeld）和亨利·哈維洛克·艾利斯（Henry Havelock Ellis）等性學家開始將性向分門別類，採用當時醫學與科學文獻流行的方法。

> 我們的研究把性向從你做的事（一種行為），變成了你是誰（一種身份），通常假設是基於你的生物構成。

克拉夫特—埃賓

赫希菲爾德

哈維洛克·艾利斯

因此，你不單單是受高個子的女性吸引並且享受口交，而且這些性偏好和吸引力讓你被歸為**某一類**人。在過去，性悖軌（sodomy）等性行為會被認為是一種原罪或是犯罪，但不會使你被歸為某種類別的人。

許多性身份（sexual identities）的詞彙都源自這些著作。這也是為什麼酷兒理論家有時會談起同性戀（和異性戀）的「發明」。

打開與關上的門：早期性學的理解

早期性學打開了一些門，通往基於性身份的歧視、入罪化與病態化（pathologization），把人視為錯的、壞的或有病的。

它也開啟了另一扇門，讓人爭取基於自身性向／性別的權利。其中一些性學家也確實參與了最早期的同志權利運動。

早期性學也重視將性區分為正常和不正常的，這樣的事到今天都還在持續進行。早期性學鞏固了性有分好壞的這個概念，而非單單是關於性實踐與吸引力的各種多元可能。

佛洛伊德

精神分析的創始人西格蒙德・佛洛伊德（Sigmund Freud），無疑對性學產生了巨大影響。跟那些早期的性學家一樣，他的許多觀點已經滲入到我們日常對性的理解。

> 性的主要目的是為了愉悅而非繁衍，是我普及了這個概念。在我之前，和生殖無關的性一般都被認為是病態的。

佛洛伊德提出性向不是出生就存在腦袋中，是後天發展的，然而他也認為一個人的性**對象選擇**會到達穩定的狀態：在經歷伊底帕斯情結（Oedipus complex）後，一個人會受「相同」或「相反」性別吸引。

打開與關上的門：佛洛伊德的理論

佛洛伊德的快樂原則（pleasure principle）打開了新的可能性：人可以單純爲了性帶來的愉悅追求性行爲。然而他提出的成熟性**目的**（sexual aim）的概念，也某種程度上導致評估各種性實踐時，人們常常以陰莖插入陰道性交（penis-in-vagina sex，陰莖陰道交）作爲黃金準則。

佛洛伊德的階段理論（stage model）提出性向並不是從出生就僵固不變的。但它強烈暗示某些性吸引力是比較不成熟或不健康的。

儘管佛洛伊德本人反對試圖將人「治癒」爲異性戀，但在他之後的精神分析學家卻主張同性戀是疾病，試圖「治癒」它，並將這可怕的概念遺留給後世。

麥斯特&強生與性治療

威廉·麥斯特（William Masters）和維吉尼亞·強生（Virginia Johnson）可以被視為現今性治療的創始人。在1950和60年代，他們在研究人類性反應的生理實驗，數百名參與者在實驗室中進行超過10,000次性行為。將參與者連線到各種量測儀器，他們觀察與量測參與者的各種生理數值（心率、潤滑程度、血壓，陰莖和陰道尺寸變化等）。

以此為基礎，麥斯特與強生提出「人類性反應週期（human sexual response cycle）」：

- 興奮期（呼吸頻率，心率和血壓提升）
- 高原期（肌肉張力和血液循環進一步提升）
- 高潮期（下骨盆肌肉快速縮放）
- 消退期（肌肉放鬆，血壓下降，身體慢下來）

打開與關上的門：早期性治療

麥斯特與強生的研究，大幅增進我們對性行為期間身體生理反應的理解，包括多數女性需要外部陰蒂刺激才能達到高潮，以及陰蒂高潮和陰道高潮在生理上是一樣的。（在此之前，普遍採納佛洛伊德的觀點，認為陰道高潮更成熟及健康。）

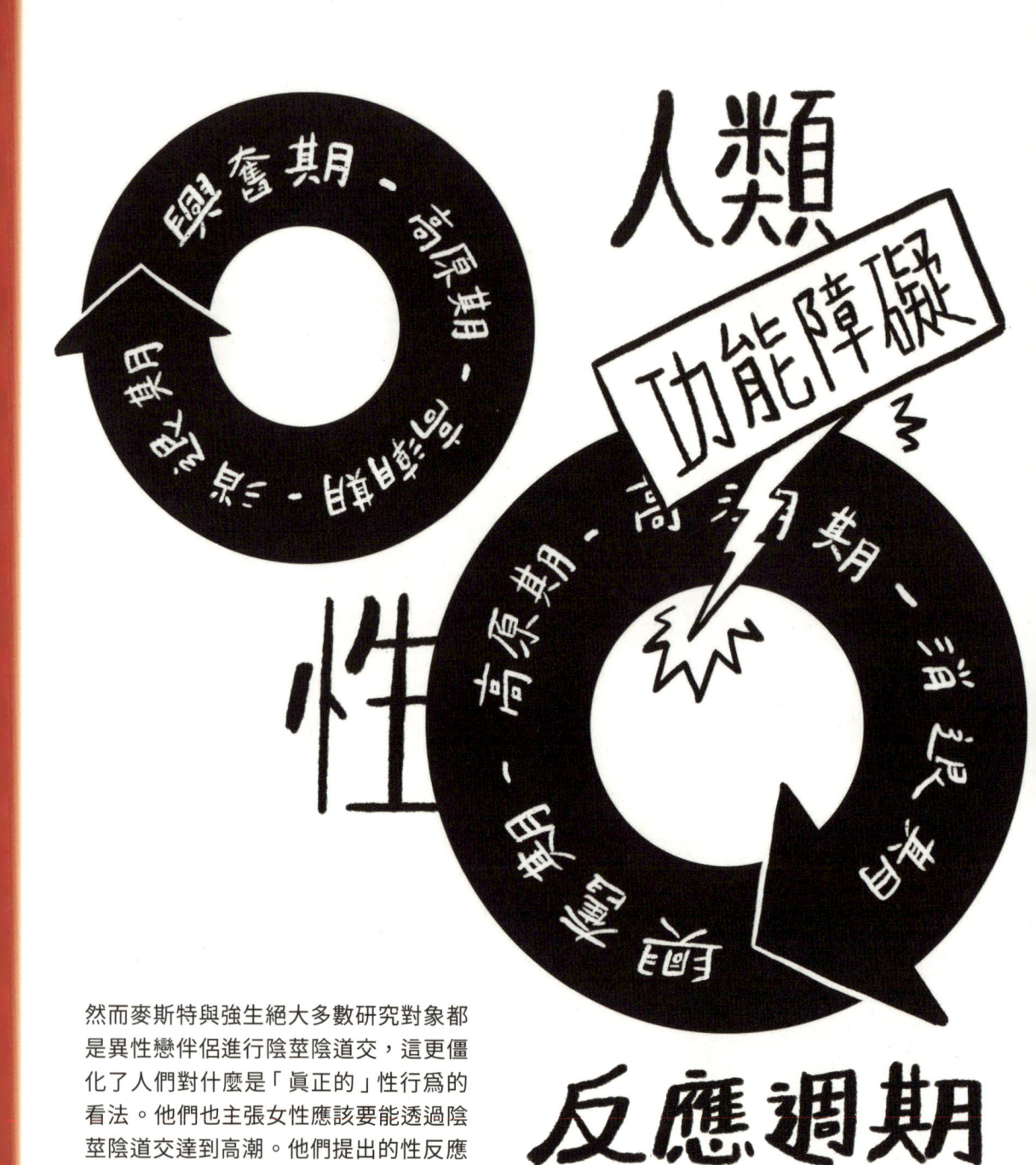

人類性反應週期 功能障礙
興奮期・高原期・高潮期・消退期

然而麥斯特與強生絕大多數研究對象都是異性戀伴侶進行陰莖陰道交，這更僵化了人們對什麼是「真正的」性行為的看法。他們也主張女性應該要能透過陰莖陰道交達到高潮。他們提出的性反應週期也為性功能「障礙」（慾望低落、欠缺慾望、缺乏性興奮、難以達到高潮）的病態性揭開序幕。

同志權利運動

1950和60年代，**同性愛運動**（homophile movement）開始在美國興起。目的是要推動同性戀除罪化、教育大眾認識同性戀及減緩恐同。運動通常採取**同化**（assimilationist）策略：主張同性戀和異性戀的各種重要面向都是相同的，並依此爭取平等人權。

馬太辛協會

同志是好的

馬太辛協會華盛頓

碧麗提絲的女兒

哈利·海：我們通常支持醫學上的觀點，認為同性戀是一種遺傳疾病或生物意外。人們應對此憐憫，而非迫害。

但我們也起身反對當時盛行「治療」同性戀的野蠻療法。

詹姆斯·格魯伯

菲莉絲·賴恩 & 黛兒·馬丁

打開與關上的門：早期同志權利運動

同性愛運動打開 LG（BT）群體獲取權利的機會。它或許選擇了最不具威脅性的方式，向主流社會爭取權利，這讓他們的論點能被聽見。

然而它所採取的同化策略也存在許多問題：

- 這是在維持現狀，而不是指出主流社會在性向及性別觀念上的錯誤。
- 它延續以本質主義模式（essentialist model）看待性向：認為性向是身份中固定不變的元素。
- 「不是我們的錯」這種概念，很容易陷入滑坡，將同性戀描繪成低人一等。
- 當它關注在那些容易被接受的臉孔：白人、中產階級、受過良好教育的男同志和女同志，同時也經常會壓迫不符合這些標準的人（更邊緣的酷兒族群）。

有些作者認為同性愛運動是在展示「體面的」表面，同時在大眾目光之外推動更基進的議程。或許同化／革命的劃分也是過度簡化的二元論。

我們怎麼看待性

前面所提到的那些歷史時刻,與許多來不及提及的,讓我們對於性和性向有了現今的普遍認知,深植在文化裡面:

> 性身份是「我們是誰」的一部份。而且從出生開始一輩子不會改變。

> 性向是二元的(異性戀/同志),基於受到二元性別(男性/女性)的吸引力。

> 依據感受的性吸引力和性實踐,人可以被分為正常和不正常的。

酷兒理論出發自揭露這些假設都是有瑕疵的,並指出它們是如何輔助維持現狀。

核心假設 1：身份是固定的及本質的

這個假設是可議的，因為性身份和性實踐都受**脈絡**影響：在不同時間點、不同文化和社群中，人們會以非常不同的方式理解和體驗它們。此外，近期研究發現性向是**流動的**（fluid）。許多人在一生的過程中會體驗到性向的變化。許多人在不同時期會採用不同身份詞彙。

（被預設）是異性戀女子孩 → 女同志T青年 → 和女人交往的跨性別男性

纖細的男同志青年 → 雙性戀的傢伙 → 酷兒熊

酷兒理論比這些觀點更進一步，直接挑戰個人身份的概念。

核心假設 2：性向和性別是二元的

並不是所有人都是以二元的方式（非此即彼）在體驗性向或性別。當研究者詢問人們在感受性吸引力光譜上的位置，至少有三分之一的人在「純男同志／女同志」和「純異性戀」之間。由臺拉維夫大學（Tel-Aviv University）發表的更近期研究發現，也是接近三分之一的人某種程度上視自己為「其他」性別、「雙」性別，或著「兩者皆不是」。

酷兒理論更進一步質疑性與性別身份的概念，
以及二者之間的關係。

核心假設 3：可以有效地區分正常和不正常的性

歷史上，哪些性向被視為「正常」／「不正常」及「功能正常」／「功能失調」一直在改變，使人質疑基於此對人的區分。

我們也可以質疑什麼是「正常」。許多目前所編列的「性偏離（paraphilias）」（不正常的性慾）其實非常普遍，而且是在知情同意下實踐，並且還有助於心理健康。那為什麼要把它們視為不正常？大規模調查顯示有一半的人自我回報有性障礙，那「性功能障礙」又算不算正常呢？還是說，功能正常的概念本身創造了功能失調？

酷兒理論比這些提問更進一步，批判這些區分的根基：「正典化政權（regimes of normativity）」和「權力關係（power relations）」。

酷兒理論來了

酷兒理論,就像「酷兒」一樣,是個充滿爭議的詞。它總是在變動,而且不同學者和運動者會以不同方式使用它。對於某些酷兒理論學家來說,這種樣多重性和矛盾是件好事,反正他們也不相信過度簡化的答案及普世真理。

然而正如我們已經看到的,酷兒理論們共有的一些特徵可能包括:

- 抵抗對人的分類
- 挑戰本質身份的概念
- 質疑二元論,像同志／異性戀、男性／女性
- 展現事物如何受脈絡(地理、歷史、文化等)影響
- 檢驗各種理解、類別、身份背後是基於什麼權力關係

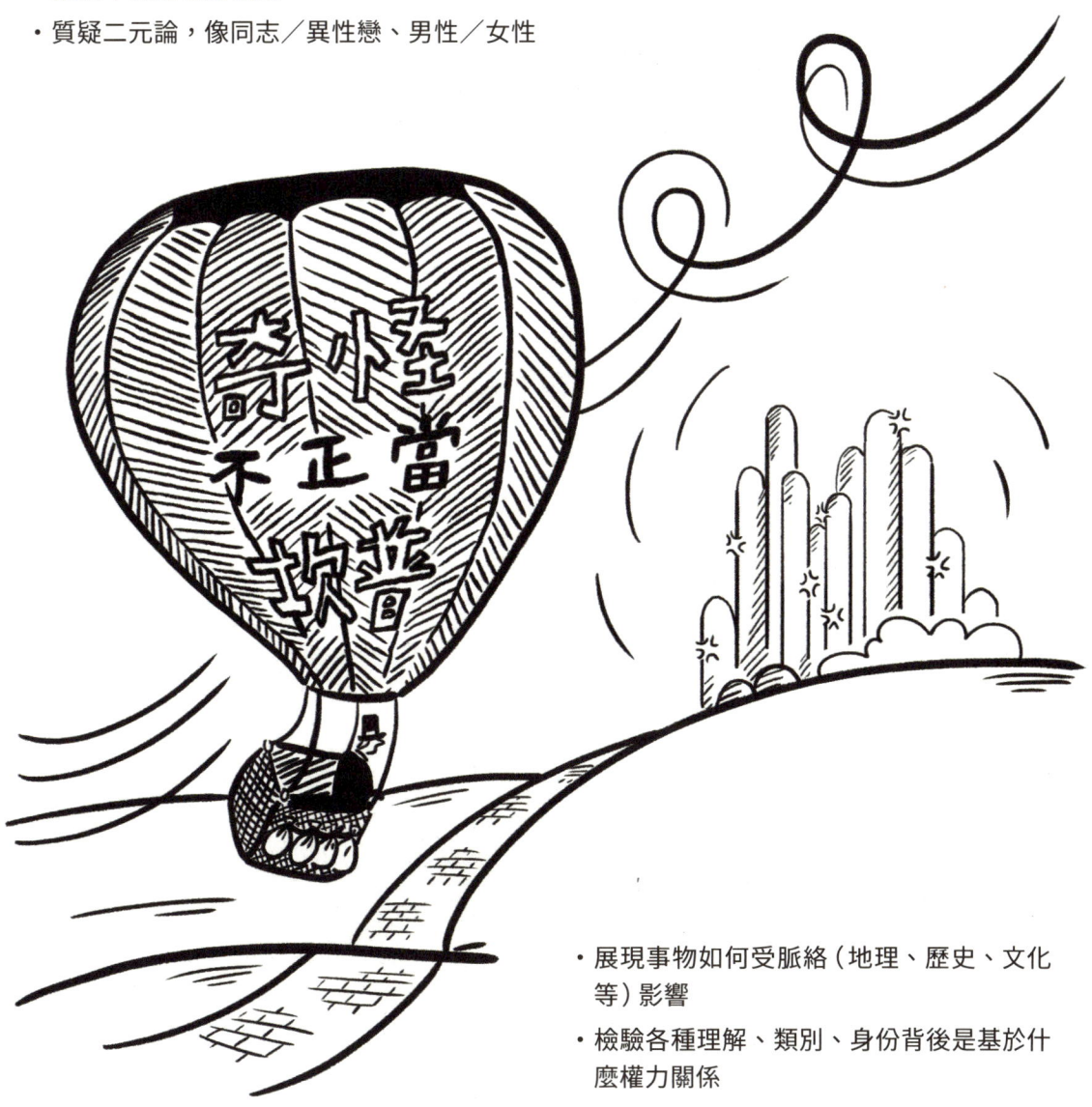

回到「酷兒」作為一個動詞,我們可以酷兒化正典知識、身份和機構,無論是藉由顯示它們有多奇怪,讓它們變得不正當,或是坎普它們。這也帶我們回到酷兒最初的意涵。

酷兒理論的前身

當然，要訂出酷兒理論的起源是不可能的，因為在這個名詞被創造出來之前，許多相關概念已經以別的形式存在。

在開始正式談酷兒理論之前，讓我們先略談一下 20 世紀中晚期的重要先驅。在酷兒理論出現之前，這些思想家已經提出過相似的看法，而這只是其中一些。酷兒理論家直接或間接引用了許多他們的概念。

存在主義者

在 20 世紀初，酷兒理論的一群重要先驅是存在主義者。他們的核心主張是「存在先於本質」，顛覆過去傳統的本質主義假設，即人類擁有固定不變、根本性的本質，且本質在我們透過經驗，為自己及他人賦予意義之前就已經存在。

舉例來說，存在主義者會質疑這些觀念：一個人是天生外向或膽小（生物本質主義），或因為童年經歷而定型成那樣（社會本質主義）。

花神咖啡食官

沙特

梅洛－龐蒂

西蒙·波娃

卡繆

任何宣稱他們根本上擁有某種身份的人，都是在自欺：否認他們成為其它狀態的自由，否認他們對現狀的選擇。

沙特的同性戀

對於尚—保羅·沙特（Jean-Paul Sartre）來說，如果我們告訴自己**必須**成為某種樣子（例如，因為生物學或被指定的社會角色），我們就是在「自欺」。相反的，我們處於不斷自我創造的過程中，並且同時對我們所創造的一切是自由又須負責的。

有爭議的是，沙特為「自欺」舉的其中一個例子是：一名「同性戀者」認為同性戀是他必然且根本的一部分。酷兒理論家可能同意沙特對固定和根本身份的批判，但同時指出，他也可以用「異性戀」或任何其他性身份來舉例。

波娃

西蒙·波娃（Simone de Beauvoir）關注我們在選擇如何存在上所受到的**限制**。沙特和波娃都認同，我們出生被扔進的這個世界中已經存在許多意義，它們限制了我們的自由。但波娃更進一步檢視爲什麼某些人比其他人更自由。像是那些受同性吸引的人，在不同歷史時期、不同文化中，他們選擇的自由都不相同。

貴族白人男性 ←

中產階級白人女性 →

工人階級黑人女性 →

35

成為

在《第二性》(The Second Sex,1949)中,波娃聚焦在性別。他認為性別不是我們生而為的東西,而是我們成為的東西。然而他也強調了社會對女性施予的巨大壓力,迫使女性否定自身自由,專注於「為他人而活」(像是嬌嫩的女孩、被慾求的女人、關愛的妻子及母親),男性則更常被鼓勵去擁抱自己的自由。

> 女人並非生來為女人,而是成為了女人。

金賽：性的多元性

和存在主義者的出發點非常不同，美國生物學家阿爾弗雷德·金賽（Alfred Kinsey）是酷兒理論在 20 世紀中期的另一位重要先驅。金賽是最早期的性積極（sex positive）研究者，他對性行為的科學研究是在回應當時的忌性（sex negative）文化。各種關於性的禁忌導致他和他的學生們原先對性所知甚少。他認為性是良善的，人們應該對性保持開放的態度。

除了揭示自慰、婚外性行為和多元性實踐比過往預想的更平常以外，金賽還發現 37% 的男性和 13% 的女性曾在同性互動中達到高潮，並且有更多人曾對同性別感受到某種程度的性吸引力。

> 只有人類會發明類別，並試圖強行將事實分類。

金賽報告：女性性行為 ♀

金賽報告：男性性行為 ♂

金賽：類別是被發明的

研究中使用的知名金賽量表，為思考性向的方式帶來新的啟發：性向是異性戀與同性戀之間的光譜，不是二元的。金賽的結論很酷兒：

> 現實世界在各種面向上都是以連續光譜存在。我們越快理解人類性行為也是這樣，就能越快理解性的真實性。

此外，相對於早期性學家試圖將性分類為特定的類別或是固定的身份，金賽關注的是人做了什麼（行為）或經歷了什麼（吸引力），這也和酷兒很有共鳴。

然而金賽的研究並沒有挑戰另一個二元論：性別的二元論。他出的書分為「男性篇」和「女性篇」，而且性向也是以感受到什麼性別（同性或異性）的性吸引力來定義。

金賽的影響

在金賽之後，性的科學研究已和性的多元性漸行漸遠，通常專注於性身份的類別。這些研究通常採取本質主義觀點，並認為性身份是二元的。酷兒理論試著和這些研究保持距離：忽視它或批判它。但其實金賽的研究或許能幫助我們想像一種非傳統的、可以跟酷兒理論並行的性科學。

早期性學中認為人擁有固定性身份的主流觀念，其實是許多同志運動者對金賽研究成果的解讀。

西蒙和蓋格農的性腳本

約翰·蓋格農（John Gagnon）和威廉·西蒙（William Simon）曾在金賽研究所工作，並在1960和70年代把社會學概念應用於性學研究。他們質疑傳統上把性和性向認定是本質的，並最先提出性向是由社會世界**生產**（produce）的看法（而不僅是如佛洛伊德所主張的形塑先天已存在的慾望）。

西蒙和蓋格農的性腳本理論（sexual script theory）認為，人的運作涉及三個互相關聯的層面：文化、人際和內心。透過內在對話，我們反射性地詮釋來自廣泛文化及人際經驗的素材。

貝姆的雙性化

西蒙和蓋格農研究性向的同時期,心理學家桑德拉·貝姆(Sandra Bem)正在挑戰當時對性別的主流理解。貝姆的研究發現,和過往的假設相反,嚴格遵守陽剛／男性化(masculine)或陰柔／女性化(feminine)的性別角色並不利於心理健康。他認為人們最好是「雙性化」的(androgynous),意即保持彈性,同時可以是「男性化」**和**「女性化」的。

貝姆也研究兒童如何內化社會性別角色,證明這些角色是後天學習而非與生俱來。他主張人並不適合用性別分類,我們應該遠離這個概念。後來他很酷兒地說:

> 讓一千種類別的性／性別／慾望綻放吧。透過這樣的增殖,取消現在僅有兩個被視為正常、自然的類別的特權地位。

黑人女性主義者

在1960和70年代，黑人女性主義思想家批判非裔美國人民權運動（忽視性別）和女性主義運動（忽視種族）。他們指出，出身自不同群體的女性擁有相當不同的經歷和議程。對於那些也遭受其他壓迫的女性來說，女性不是身份的決定性特徵。舉例來說，白人中產階級女性主義的議程對於黑人及工人階級女性來說，經常是陌生的甚至是相背而馳的。

這破壞了過往認為存在普世、固定身份的假設，並挑戰任何基於身份政治的運動。相對地，他們關注對支配結構的政治和經濟分析。從這樣的角度來看，黑人女性主義思想可以被視為是酷兒理論和酷兒運動的根源。

多重身份與邊緣化

關於身份和邊緣化,眾多黑人女性主義者為酷兒思考奠定了基礎。

在〈年齡、種族、階級和性別:女人重新定義差異〉(Age, Race, Class, and Sex : Women Redefining Difference, 1984)一文中,黑人女同志女性主義者奧德雷·洛德(Audre Lorde)指出,未經檢視的特權導致「女性」類別代表的是「白人女性」,黑人女性則被視為「其他」。

> 並不是女性主義者之間的差異造成了分裂。是拒絕認知這些差異,及拒絕檢視它們帶來的影響和錯擺他們造成的扭曲。

> 我不是女人嗎?

奧德雷·洛德

貝爾·胡克斯(bell hooks)也強調要留意這樣的差異,以及在運動中同時保有抵抗與同情的重要性。

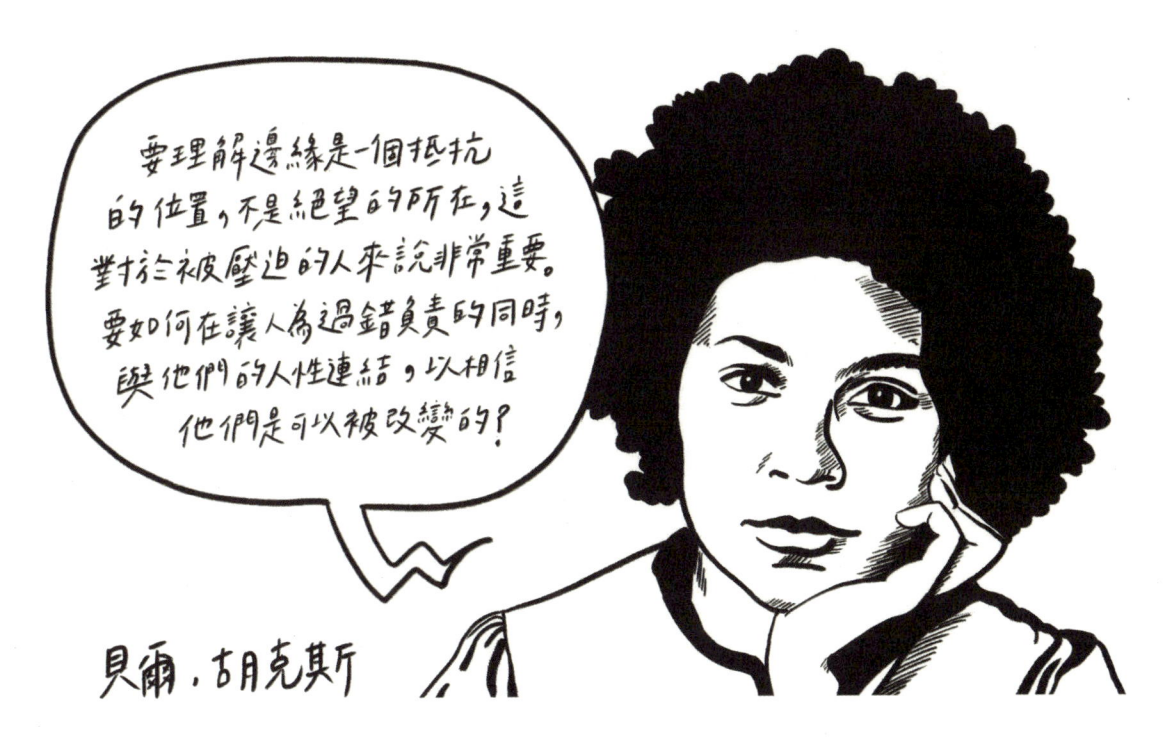

> 要理解邊緣是一個抵抗的位置,不是絕望的所在,這對於被壓迫的人來說非常重要。要如何在讓人為過錯負責的同時,與他們的人性連結,以相信他們是可以被改變的?

貝爾·胡克斯

里奇的強制異性戀

1980 年代在通往酷兒理論的路上有四個里程碑。首先是艾德麗安・里奇（Adrienne Rich）的〈強制異性戀和女同志的存在〉（Compulsory Heterosexuality and Lesbian Existence）。

對於某些學者和運動者來說，當他們在批判對性向的正典理解，很容易會聚焦在那些**被邊緣化**的性向，特別是 LGBT。里奇則將批判的矛頭轉向異性戀。他提出重要的酷兒觀點，認為我們應該檢視所有型態的性向，以及它們之於社會權力的運作方式，而不僅是檢視非正典（non-normative）性向。里奇主張女性是被強迫成為異性戀，被強迫進入相關的父權性別關係。這樣的強迫是透過順從異性戀體制會帶來的特權與快樂，以及背離所帶來的懲罰和損失。

建構與解構強制異性戀

里奇為之後的酷兒理論家埋下伏筆,他指出那些推動強制異性戀的努力,其實更顯示它有多麼不安及不穩定。如果異性戀是自然的,那就不需要這麼努力維護,也不會被其他可能性威脅。

女同志主義的風險:
黑暗 貧困 孤寂

里奇的文章也提出「女同志連續體(lesbian continuum)」這個概念,囊括女性之間的各種關係(不僅限於情慾的),作為抵抗父權強制異性戀的方式。

你該害怕,非常害怕。

有人批判里奇認定所有男性與女性之間的關係都是被強迫的,而所有女性與女性之間的關係都是政治的(更別提其中的性別二元論)。他也忽視了強制異性戀如何壓迫男同志和其他邊緣性向。

45

維蒂格的異性戀思維

在〈異性戀思維〉（The Straight Mind）中，莫尼克·維蒂格（Monique Wittig）指出男女之間的關係是「強制性的」。由於異性戀制度如此深入我們的文化，以至於我們難以意識到它的存在。異性戀思維揭露異性戀如何滲入我們表達、感受和思考的過程（例如只有非異性戀會去問自己為什麼是這樣）。

維蒂格認為性別和性向如此密不可分，以至於做為一名女性只在異性戀脈絡下成立。因此女同志其實不是女性！他遭受和里奇相似的批判，而且他認為面對異性戀思維只有兩種政治回應：全面順從或基進革命。這也是另一種很容易陷入的二元論。里奇和維蒂格也被批判只關注於性向和性別的交織處。

克倫肖的交織性

基於黑人女性主義「種族與性別交織的去邊緣化」概念，批判種族理論（critical race theory）創始人金伯利·克倫肖（Kimberlé Crenshaw）提出交織性（intersectionality），表明任何壓迫的軸向（種族、性別、性向、階級等）都不能被單獨分離考量。

交織性強調身份之間以及不平等權力關係之間的複雜互動，它們以多元且常常自相矛盾的方式形塑我們的經驗。這些類別無法分出上下階層，也不是單純的加法。相對的，它們複雜地相互影響和彼此滲透，也受脈絡影響持有不同型態和細緻差異。

> 我身處的白人工人階級社群認為每個人都會結婚生子，但也有空間給我這樣偏「陽剛」的女性。

> 我已經因為種族和性別飽受騷擾。如果我出了雙性戀的櫃，情況還會糟多少？

魯賓的性的思考

蓋爾‧魯賓（Gayle Rubin）的巨作〈性的思考〉（Thinking Sex）從多種角度看待性向，不只專注於受什麼性別吸引。該文寫於 1980 年代，「忌性」與「性積極」女性主義者*之間「性戰爭（sex wars）」的時期（至今依然在打）。作為性積極女性主義者的一份子，魯賓抵制對性工作者、虐戀者（sadomasochists）、跨性別者、男同志與女同志的壓迫。他指出有六種意識形態在共同限制我們：

蓋爾‧魯賓

1. 性的本質主義
2. 忌性
3. 賦予性行為過度重要性（相對於其他行為，如飲食習慣）
4. 性階級
5. 性危機的骨牌理論
6. 缺乏良性性變異的概念

性積極 VS 忌性

色情影弒導致性暴力　SM害人

我們已經談過前三種意識型態，接下來只解釋後三種。

* 是的，這也是另一種有問題的二元論。發現得好！

性階級

魯賓的論文中,最出名的圖像可能是這張對性階級的描繪:奠基於文化、宗教、法律、精神病學、大眾媒體等,性階級區分可接受和無法容忍的性。固然不同群體會把線畫在不同地方,而且線的位置也會隨著時間改變。即使如此,「可以描繪出好的性和壞的性」這樣的基本假設始終存在。

「好內圈」

「壞外圈」

多數人認為自己的性偏好應該適用於所有人的普世系統。

骨牌理論

人們會維護可接受和無法容忍的性之間的界線，相信它分隔了秩序與混沌。

如果我們拿掉這條線，誰知道會有什麼可怕的行為跟著踏入我們的好內圈！

在家
同伴代
親密關係
兩人
錢
自己 多人
約炮
生育

相對於用專斷的界線來評斷性的品味，我們該重視的是伴侶如何對待彼此、互相體諒的程度、是否存在強迫以及彼此歡愉的品質。

魯賓的著作指出同志權利及其他運動中，同化策略的危險之處。我們可以爭取將我們的團體劃入好的內圈裡，但是其他團體還是會繼續被邊緣化、病態化和入罪化，而且通常是那些最受壓迫的人們。我們需要推翻性階級的整個概念，並以像金賽和魯賓主張的「良性性變異（benign sexual variation）」取而代之。

同志權利／酷兒運動

酷兒運動興起於 1990 年代，挑戰僅在重劃性階級界線的同化運動。讓我們來看看在這之前的歷史。

延續早期同性愛運動，同志權利繼續往前邁進。1969 年，警察突襲抄查位於紐約的 LGBT 空間石牆酒吧，引發一系列被稱為石牆暴動（Stonewall Riots）的示威活動。參與的運動者在爭取人們能自在公開自己的性向，不用擔心會為此被補。

第一次同志驕傲遊行是場暴動

在石牆之後，同志解放運動者開始尋找社會系統中存在哪些壓迫，並試圖創造改變。他們強調驕傲而非憐憫，選擇而非本質，解放而非同化。

石牆之後

然而解放模式並沒有長久持續,新的模式出現並取而代之。基於當時主要的少數族裔權利模式,新的模式把男同志和女同志呈現為少數族群,並希望爭取現有社會秩序中的權利和法律保障。

運動變得更個人主義,強調個人的出櫃和真實面對自己的身份。

HIV／愛滋病與運動

酷兒運動浮現的主要原因之一，是回應1980年代的愛滋病危機，它使人們重視的焦點轉向：

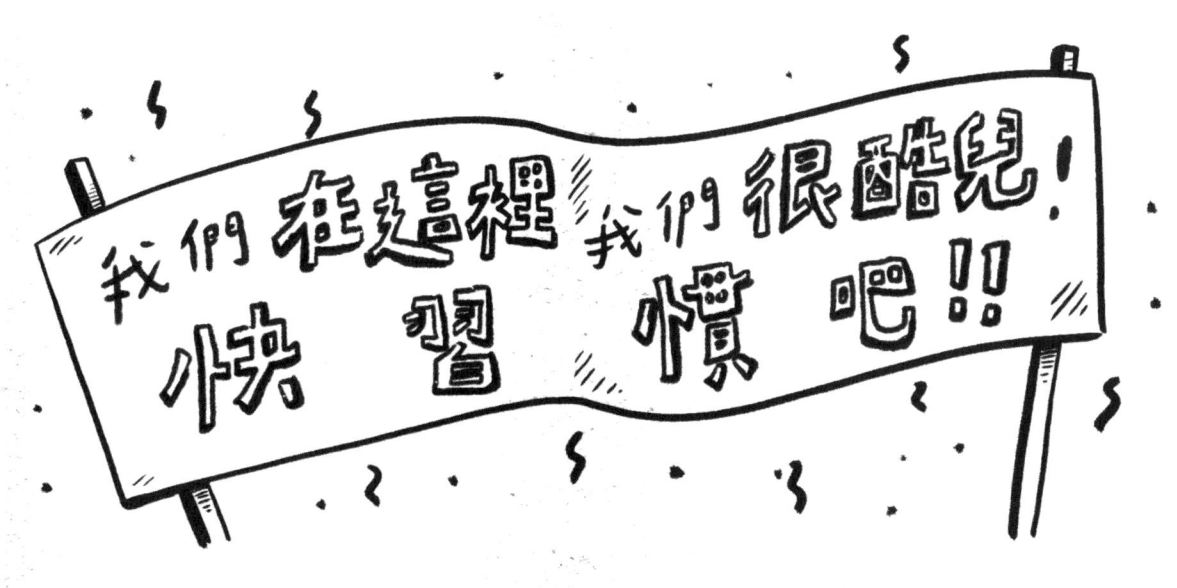

- 從性身份轉向到（更安全的）性實踐：你做什麼，而非你是什麼。
- 從本質身份轉向到基於情感聯繫（例如受愛滋病影響的不同群體間的情感聯繫，包括男同志、其他有和男性發生性行為的男性、性工作者、朋友、家人等）的身份。
- 對抗把愛滋病視為同性戀疾病的恐同表徵，包括來自科學、政策、醫療保健和媒體，都在加強恐同現象，並威脅愛滋病人的性命。

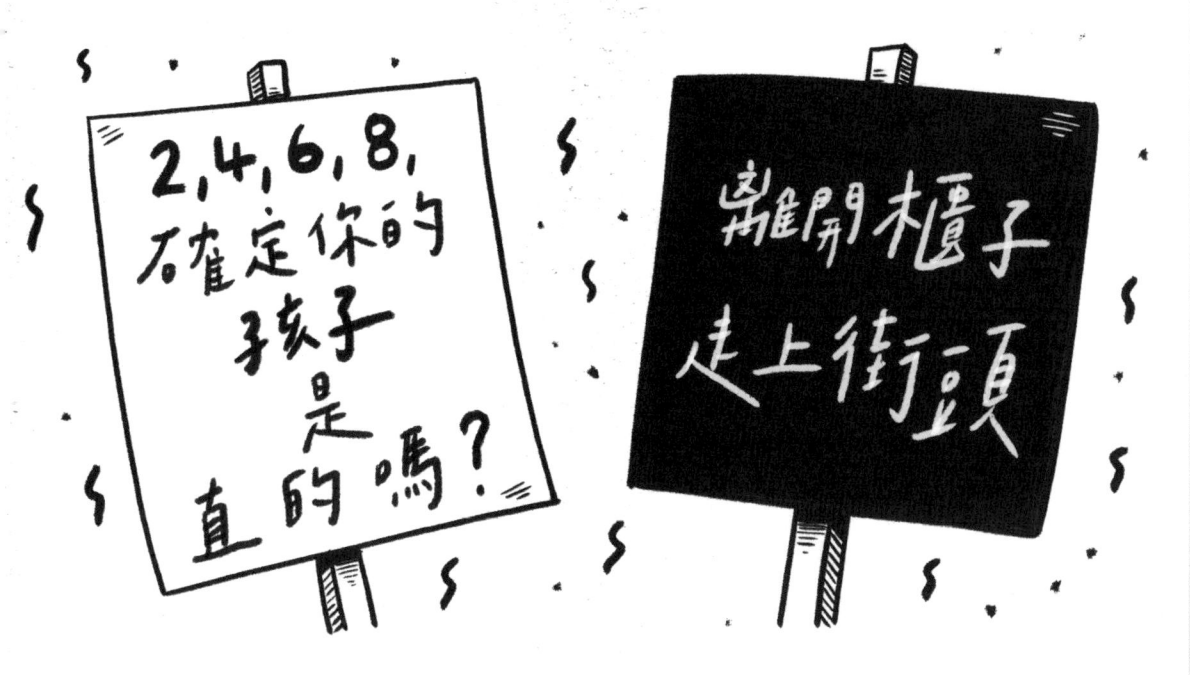

基進運動的復興正是愛滋平權聯盟（ACT UP）和酷兒國度這類組織的起點。

酷兒議程

酷兒運動挑戰以**身份政治**為主的同志運動。這樣的同志運動把性向視為一種本質的、固有的成份。對於現存的系統,酷兒運動者們希望要激進抗爭,而非融入其中,經常採取檯面上可見並且製造衝突的策略,例如佔領公共空間或是替公眾人物出櫃。他們試圖指出公共空間是異性戀的空間,酷兒們需要不同於主流文化的替代方案。

其他酷兒運動的範例包括:

- **酷兒破裂**(Queeruption,龐克分支酷兒核的一份子):一種安那其主義運動,反對主流同志文化缺乏多元並擁抱消費主義。

- **同志羞恥**(Gay shame):一種基進替代方案,挑戰主流同志驕傲的商業化,包括企業贊助、售票活動、名人鎂光燈等。

就像酷兒運動,酷兒理論也關注實踐、權力的運作,以及更具包容性的議題性結盟,而非具排他性的身份政治。

轉向後結構主義

酷兒理論的理論基礎來自1970和80年代出現的後結構主義（post-structuralism）學術轉向。後結構主義是基於多位批判理論家的產出，如雅各·德希達（Jacques Derrida）、雅各·拉岡（Jacques Lacan）和米歇爾·傅柯（Michel Foucault），儘管他們之中有些人不同意這個詞。

後結構主義者否定任何單一、普世、絕對「真理」。他們批判那些主張揭示真理的思想系統，例如科學和宗教。他們也批判以宏大敘事（grand narratives）為基礎的理論，這些理論試圖以單一結構來解釋人類的所有經驗，例如佛洛伊德的潛意識內部結構或馬克思階級系統的社會結構。

> 相對於單一真相，總是存在許多可能的故事，而且這些故事之間可能會互相矛盾。

米歇爾·傅柯

雅各·拉岡

雅各·德希達

啪！

真相

後結構主義 101

後結構主義者認為知識永遠受**脈絡**影響並且都是**局部**的。我們所知道的永遠只會是全貌的一部分，而且取決於我們是誰、在哪裡、在什麼時間。知識不是中性或客觀的，它附屬於權力系統，並且影響人際間的**權力關係**。還記得關於「同性戀」的宗教及科學「知識」在某個時期如何出現，並形塑了受同性別吸引者當時的待遇嗎？

跟隨德希達的腳步，後結構主義者也經常**解構文本**。透過分析文學、藝術、媒體或科學文本，揭露二元對立的哪側享有更多特權（例如：理性或情感、男人或女人、理智或瘋狂）。後結構主義者也為文本提供多重甚至是互相矛盾的解讀，因為他們認為沒有唯一的真實意義。

佔據身份

後結構主義對於個人的意義在於,我們**是**什麼身份沒有絕對的單一真相。我們可以說各種關於自己的故事,而沒有任何一個是真相。

我們並沒有任何穩定固定的身份。相反的,某些身份(像是關於性別、性向、種族或階級的身份)是藉由意識形態和正典程序從文化上構成的。這個世界在不同時間地點,提供不同身份可能性。我們透過和這個世界的關係,**佔據**自己的身份。

主體性

主體性（subjectivity）的概念在此很有幫助。正如批判社會心理學教授瑪格麗特·韋斯雷爾（Margaret Wetherell）所解釋，它有助我們探索作為**行動者**（agents，在給定的環境中，有行動能力的個體），如何接納並以文化上存在的類別成員與社會角色生活。在不同的脈絡、關係和更廣的權力結構中，我們會做出不同選擇，而不是始終佔據同一個穩定身份。

> 身分變成不太可以被佔據、擁有、保護或拒絕的類別，而更像是時時刻刻都在被引導、重談、修訂和忽略的空間。
>
> 諾琳·吉芬尼，「酷兒介入」系列書籍編輯。

> 當我遇到小黑時，一切都變了。

> 我想這是一個漸變的過程。

> 這是一趟不斷進行的旅程。

> 在電視上看到大衛·鮑伊的那一刻，我就知道我是同志。

> 寶貝，我天生就是這樣！

酷兒理論的誕生

雖然有一些學者，特別是格洛麗亞・安扎杜瓦（Gloria Anzaldúa），已經在用「酷兒理論」這個詞，但大多數作家認為酷兒理論的誕生是在 1990 年特蕾莎・德・勞雷蒂斯（Teresa de Lauretis）在加州大學聖塔克魯茲分校（University of California, Santa Cruz）主辦的酷兒理論會議。德・勞雷蒂斯是一位知名教授，致力於剛剛提到的主體性問題。

從這場酷兒理論會議，延伸出版了《差異：女性主義文化研究》（Differences: A Journal of Feminist Cultural Studies）期刊的專刊《酷兒理論：女同志和男同志性向》（Queer Theory: Lesbian and Gay Sexualities）。過去的早期研究極度聚焦在性向，這場會議則納入更廣的討論（如雙性戀和跨性別），並從身份政治轉向面對行為和實踐，及探索關於性的權力運作方式。

德・勞雷蒂斯

德・勞雷蒂斯認為酷兒理論是在：

- 拒絕將異性戀視為所有性形態的標準。

- 堅持性的主體性是透過種族和性別，以多元方式形塑。

- 並藉此遠離女同志和男同志研究的單一理解方式。

今日酷兒，明日黃花？

會議過了三年之後，德·勞雷蒂斯卻開始否定「酷兒理論」這個詞，認為人們使用這個詞的方式並不符合他一開始的政治和批判意圖。這樣的事在酷兒理論歷史上發生過很多次，有些人試圖將酷兒理論固定為某種穩定不變的東西，而其他人則抵制這樣的僵固。

> 酷兒理論很快就變成概念空洞的出版業產物

就像我們所有人一樣，酷兒理論沒有固定的身份，並且有多種可能互相矛盾的起源故事，而非單一線性敘事。就像我們一樣，它是複數不是單數，是不斷變化而不是靜止不變的。

重要特徵

1990 年代酷兒理論多軌發展，它們普遍有這些特徵：

利用**後結構主義理論**來檢視關於**性、性向和性別**的權利關係

…透過

鬆動那些被認為理所當然的**強勢認知**：假設異性戀是正常或自然的性向標準，並依此對人**進行分類**

藉由…

揭露性和性別身份是如何

被

建構的：在不同時間地點，透過當下的思考和存在方式建構

操演的：它是我們在**做什麼**，而不是我們（本質上）是什麼

傅柯和巴特勒

米歇爾·傅柯和朱迪斯·巴特勒（Judith Butler）是酷兒理論最常被引用的兩位思想家。其實前面已經碰到許多他們提出的概念。他們兩人都以用字艱澀、不易理解而惡名昭彰，所以讓我們先來了解一下基礎入門。

傅柯比較專注在性向，巴特勒則更專注在性別，不過他們兩人的想法密切相關，且可以有效地彼此應用。

傅柯是探討性向歷史的關鍵思想家之一，在《性史》（The History of Sexuality）中，他提出性向是由某些形式的知識（宗教、科學等）**生產**的，而不是某種被我們發現、天生存在的真理。在《性／別惑亂》（Gender Trouble）中，巴特勒展示了性別和性向的概念是如何在根本上相聯相通，並強調不該視它們為固定的本質身份，而是**行為**或我們所**做**的事。

米歇爾・傅柯

傅柯是法國哲學家、批判理論家和思想史學家。出生於 1926 年,在巴黎高等師範學院(École Normale Supérieure)就讀哲學。他在國外工作多年後返回法國,出版關於瘋狂、刑事司法制度、歷史研究法及性向的書籍。

傅柯曾與男性發生性行為,並遭遇許多關於同性戀的法律和社會約束帶來的麻煩。作為左翼運動家,傅柯也投身相關的人權運動。他於 1984 年因 HIV／愛滋病併發神經疾病去世。

> 別問我是誰也別要求我保持不變。

至少這是關於傅柯是誰的一種故事⋯⋯

全景監獄

傅柯以 18 世紀哲學家傑瑞米・邊沁（Jeremy Bentham）提出的**全景監獄**，來解釋當代社會的運作方式。

全景監獄的中央有一座塔，周圍是圓形環繞的牢房。基於這樣的結構，位於中心的警衛可以隨時監視任何一間牢房，也因此犯人會開始自我監控自己的行為。

這個概念被連結至現在世界中的高度監視狀態，意味著我們**可能**大部分時間都在被觀察或記錄。

自我監控的社會

然而傅柯是用全景監獄去點明，當代社會中的人們如何因為覺察各種批判的凝視，害怕自己不被他人接受，而開始自我監控自己的行為。這已經發展成一種文化，因為害怕被懲罰、嘲弄及不被認同，人們會**自我**監管。

人們被激勵要時時審查與評斷自己：基於接收到什麼是「正常」的訊息，要努力和進步，並對這個世界展示積極成功的自我。

新自由消費資本主義

傅柯的全景監獄和當下的**消費資本主義**有關。消費資本主義告訴我們，我們是匱乏、有缺陷的個體，並且需要某種東西來「修補」這一點。它也和當前的個人主義**新自由政治**有關，把問題和解決方案看作是個人責任，而不是歸咎於更大的社會結構和集體行動。

> 如果我能找到完美的衣服，生活中的一切問題都會迎刃而解。

> 是什麼讓你這樣想？

權力

傅柯主張，統治者掌握被統治者生殺大權的、前工業社會的**主權權力**（sovereign power），已轉移爲**生命權力**（biopower）。

轉型爲製造業意味著經濟成功仰賴著勞動力的生產力。因此政府對工人的身體需要有更多擴及日常的掌控，以確保他們有生產力（故「生物（bio）」意指「**身體**（bodies）」）。但隨人口不斷增長，且越來越都市化，政府與工人的關係實際上是越來越**不**直接。

生命權力因此是一種更爲分散的權力形式：像網絡一樣散佈在社會各處，而不是統治者與被統治者之間的線性關係。它也更無孔不入，因爲個體會同時受到來自不同方向的監控。

身體與正常

傅柯認為，對生命權力的需求（以治理公民的身體），解釋了當代西方社會為什麼重視**身體**規訓及追求正常。對傅柯來說，正是這樣的注重導致性向興起成為身份類別。

位於權力關係網絡的中心，身體被以許多不同方式測量和分類（性別、種族、精神健康、身心障礙、年齡、外貌等），性別是其中的一個類別。我們強烈地意識到在這個網絡的各個軸向上，自己被視為「正常」的程度，並且我們會依此自我監控，例如我們在社群網路上閱讀朋友的貼文的時候。

孩子、老公、工作……他的人生已經沒有煩惱了。

他常常和朋友出去玩得很開心。我很久沒做什麼很酷的事了。

他一定有在健身。我該多動一下了。

溫馴（且缺乏安全感）的身體

自我監控創造了溫馴且致力於一致的群體。經濟在兩個方面受益：

- 高生產力（為雇主創造利潤）
- 高消費力（為了填補不安全感而購買商品）

然而這也導致高度心理健康問題、不快樂和疏離感。此外，伴隨而來看待性向的**身份政治**，把性向視為某些人的特徵，我們需要證明自己的性向是「正常」的才能獲得文化上的認同。早期性學家的著作正推動這樣的觀點**成為**現實。

> 我試圖爭取權利，基於和其他人一樣正常的固定身份而來的權利⋯⋯

> ⋯⋯或我也可以去問：這個身份是怎麼被生產的？以及為什麼我認為正常很重要？

自我論述和技術

傅柯主張各種**論述**煽動我們生產關於自身性向的**知識**，這些知識會維護特定**權力關係**。論述是關於某個主題（例如性向）的一組觀念，呈現於像是宗教、醫學、法律、科學、治療或流行媒體等領域中。

他認為**告解**在其中扮演著關鍵角色。這些論述鼓勵我們向權威人物述說自身的性故事，這樣的敘事會變得像是我們性向的**真相**，但實際上是讓我們內化社會正典的方式。

傅柯把這種內化和描繪「正常」固定身份的意圖稱為：**自我技術**（technologies of the self）。他試圖探索其他並非由普世／正典訂定的自我技術。

你不純潔的思想帶有原罪。

我知道你說的是事實。我已經內化了這個論述並將悔改。我會試著更正常一點。

權力關係

傅柯不認為權力是全然單向的。當一種論述被產出時,潛在的逆反論述也會被同時產出。例如「同性戀」的發明增強了社會負面控制的可能性,但也同時打開同志權利運動的大門。

> 有權力的地方就有抵抗。我們該同時檢視兩邊,看看特定論述關上了什麼又打開了什麼。

傅柯因為對歷史的粗略處理受到批判(後來的歷史學家有對他談到的時期進行更細緻的分析)。他也被批判是歐洲中心主義,以及沒有意識到這些事物和性別的關係。

朱迪斯‧巴特勒

朱迪斯‧巴特勒是一位美國哲學家、文學學者和性別理論家。出生於 1956 年，他自 1990 年代初便在加州大學柏克萊分校（University of California, Berkeley）任教。他曾出版有關身體、語言、權力、國家和戰爭的書籍，但最為人所知的或許是他最早期的性別研究，在酷兒理論中具有重要地位。他同時也是為 LGBT 議題和以巴衝突積極出聲的運動者。

儘管巴特勒經常被視為酷兒理論的**創立者**，他一開始其實並不認為自己是其中一份子！

> 我記得有一次在晚宴活動時，鄰桌的人說他在研究酷兒理論，我就問他：「什麼是酷兒理論？」他看著我，好像我瘋了，因為他顯然認為我是這個被稱為酷兒理論的東西的一份子。我確實從來沒有覺得我是……

> 你在研究酷兒理論？那是什麼？

??

至少這是關於巴特勒是誰的**一種**故事……

女人作爲類別

巴特勒的《性／別惑亂》(1990) 點出問題在於把「女人」視爲整齊一致的群體。主流文化和女性主義往往都認同「女人」是一個合理的類別：無論是在正當化對女人的刻板印象與歧視，還是在爲女人爭取平等和權利。巴特勒是基於先前黑人女性主義者提出的批判，對於同時遭受其他壓迫的人來說，作爲女人並不是他們身份的決定性特徵。

巴特勒怎麼看

比早期黑人女性主義者提出的批判更進一步，巴特勒主張若女性主義把「女性」作為一種穩定一致的身份，可能會進一步實現和穩固那些支持不平等和壓迫的性別關係。

> 女性需要的是⋯
>
> 所有的女性都應該⋯
>
> 強調女性是一個群體，會限制並束縛女性主義應該要去打開的文化可能性。

每個人，包括女性主義者，對於「女性」或「男性」都該避免做普世的假設，彷彿他們是均一的類別。

身份政治的假設

巴特勒提出的概念和先前提到對同志權利運動的批判有些相似之處：

- 基於身份而來的權利，通常會專注在群體中最有特權的（往往是中產階級白人的）議題，並會排斥／異化其他人。
- 更重要的是，基於本質固定身份爭取權利，反而可能會危害他們爭取的目標。因為他們沿用了同樣的二元論（異性戀／同志，男性／女性）及其背後的權力關係，並假設這些類別是合理的。

異性戀矩陣

媒體研究教授大衛・岡特利特（David Gauntlett）為巴特勒的異性戀矩陣做了彙整。這張圖展示我們如何透過更廣泛的文化論述來理解性和性別。

你有固定的生理性別 (sex)（男性或女性） → 文化依此建立了不穩定的性別 (gender)（男性化或女性化） → 這決定了你的慾望（是「異性」或是「同性」）

但巴特勒認為我們不該接受它們之間的因果關係。我們的身體不決定我們的性別，我們的性別也不決定我們的慾望。

真相是：不存在箭頭

你有身體

你可以操演身份

你可以有慾望

挑戰異性戀矩陣

另外也請留意，巴特勒修改後的異性戀矩陣有哪些文字變化：

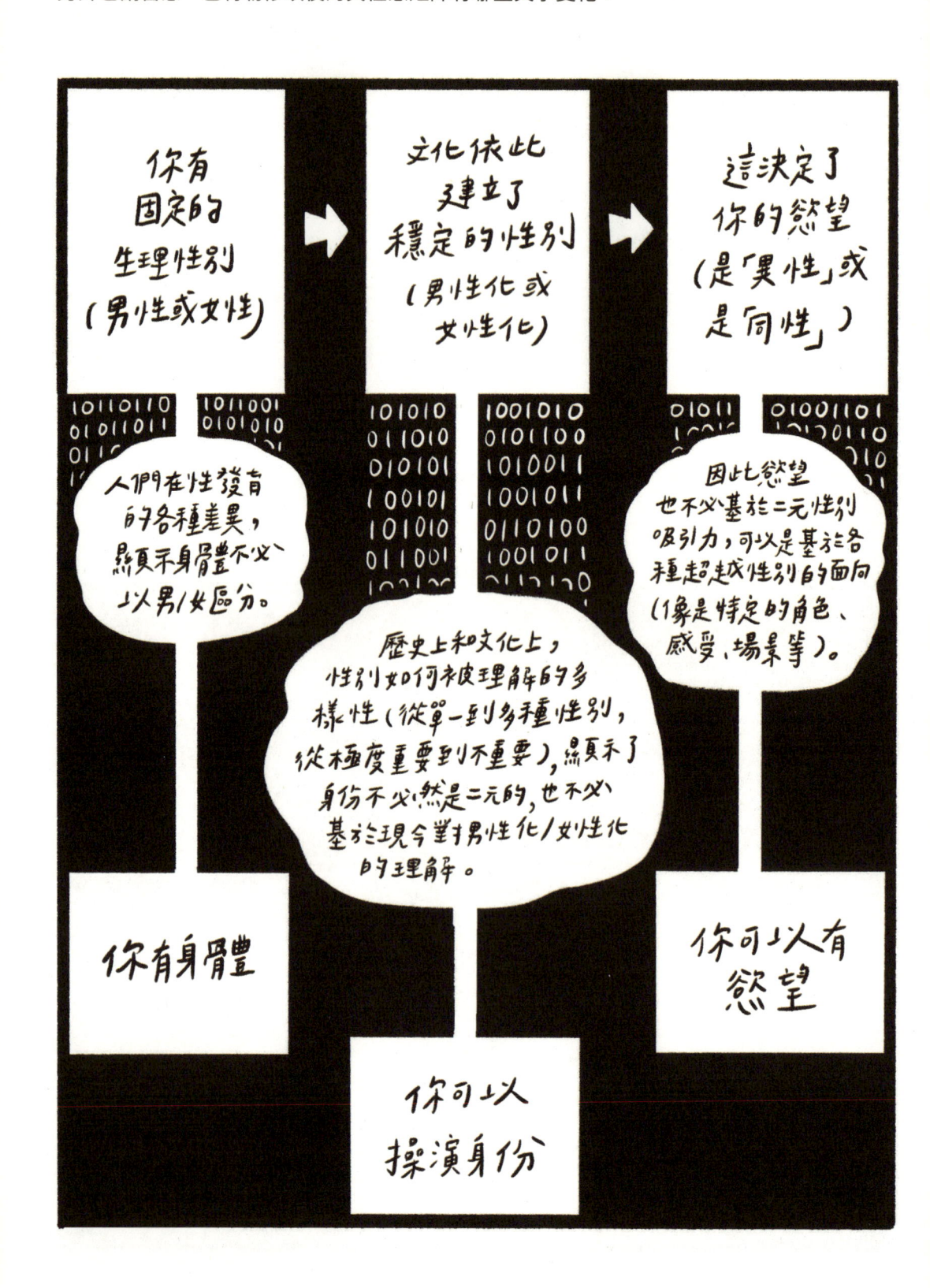

你有固定的生理性別（男性或女性） → 文化依此建立了穩定的性別（男性化或女性化） → 這決定了你的慾望（是「異性」或是「同性」）

人們在性發育的各種差異，顯示了身體不必以男/女區分。

歷史上和文化上，性別如何被理解的多樣性（從單一到多種性別，從極度重要到不重要），顯示了身份不必然是二元的，也不必基於現今對男性化/女性化的理解。

因此慾望也不必基於二元性別吸引力，可以是基於各種超越性別的面向（像是特定的角色、感受、場景等）。

你有身體

你可以操演身份

你可以有慾望

性別操演

那如果性別不單是因爲擁有男性／女性身體而來的自然本質穩定身份，那它是什麼？

巴特勒認爲它是**操演的**（performative），性別是我們的表達和行爲（而不是反過來，基於性別身份認同才出現某些表達和行爲）。像性向一樣，性別是你在**做什麼**，而非**你是誰**。

想想你一天的生活，你在不同的情境和關係中會怎麼做你的性別（do gender）。或是在生命歷程中（童年、青少年、成年、想像中的未來），你在不同時期會怎麼做性別？這也幫助我們理解它不是一種穩定固定的身份。

做性別

關於什麼是「男人」和「女人」的強勢文化論述（這些論述既由權力關係產生，也產生某些權力關係），影響著我們如何運作。我們吸收這些論述，並不斷重複它們，以至於它們感覺起來非常「真實」，就彷彿這些論述真的是我們本身。我們也因為這樣的重複而維持了性別的正典。

操演並不代表可以像演員一樣任意**選擇**表演的方式。我們的操演受限於當下性別系統中可以被理解的範圍。

重要的是，其實不存在本真的（authentic）性別操演。所有的性別操演都是模仿。變裝皇后（drag queen）的表演看起來相仿於正典的女性化，但那其實不是對正本的複製，而是對副本的複製。

性別惑亂

如果性別和性向是建構在現有的權力關係內,那在這之前、之外、之後都不會有任何性別或性向:不存在「本真的」性別或性向可以用來比較。

巴特勒明確表示,我們無法完全脫離現有的權力關係和論述,每天都必須重複進行性別操演。然而我們可以用不同的方式重複操演。對於性別,我們可以通過戲仿(parody)或其他形式的操演來挑戰期待,以創造**性別惑亂**和帶來顛覆性的迷惑。舉例來說,透過每天的性別操演,我們可以揭露性別是如何被建構的,或提出對性別二元理解的質疑。

你可能會想知道這些跟「生理性別」以及跨性別經驗的關係是什麼。我們稍後會再回到這個問題上。

回顧傅柯和巴特勒

結合傅柯和巴特勒的成果，我們會發現性向和性別在某種程度上，都是在當下的權力關係中被社會地建構的。具體來說，性向和性別：

- 都被**視為**身份（我們是誰）中固定且至關重要的一部分。
- 本質上是相互關連的。因為性向是由我們的性別以及受吸引的性別所定義，而且人們經常會透過性別表現（像是坎普或 T）來**解讀**他人的性向。
- 透過人們內化及重複操演現存論述，變得**感覺**像真實的、穩定的、靜止不變的。

傅柯─巴特勒式抵抗

性別與性向**建構**可以透過以下方式抵抗：

・意識到性別與性向都是多元且流動的，並拒絕將任何身份視爲基礎，因爲那是在支持正典結構。

・質疑二元論（男性／女性，異性戀／同志）及它們之間的關係。

・對於多元性別和性向操演，進行戲仿和顛覆式的重複操演。意識到性可以是單純關於「身體與愉悅」，不必和現有的性別和性向類別有關。

露比・蘿絲：我在光譜上的某處。

麥莉・希拉：我不覺得有需要爲我的性別或性向貼上標籤。

克莉絲汀・史都華：我不認爲有必要去弄清楚你是「同志」還是「異性戀」。

異性戀正典

異性戀正典（heteronormativity）這個概念在酷兒理論中非常實用，囊括許多剛剛談論到的內容。借鑑魯賓的性階級和里奇的強制異性戀，酷兒理論家麥可·華納在 1991 年推廣了異性戀正典這個詞。

異性戀正典指的是一系列彼此相關的文化假設：

- 「正常」或「自然」的吸引和關係形式是一男一女，他們：
  - 正常自然地體現傳統性別角色與正典，並且
  - 以男人陰莖插入女人陰道的形式來進行性交（陰莖陰道交）。

- 相較起來，其他形式的性和性別比較不正常不自然（或完全不正常不自然）。

- 因此，除非被證明不是，人們都被預設是異性戀。

84

異性戀正典、恐同和異性戀主義

異性戀正典與它的前身：恐同、異性戀主義（heterosexism）和異性戀特權（straight privilege）有些不同之處。

恐同是一種負面態度，針對自我認同為男同志或女同志的人、「同性」性實踐及親密關係。

異性戀主義一般是指有利於「異性」關係、「異性」性吸引力、異性戀認同的人的偏見或歧視。異性戀主義幫助我們發現，不僅公然恐同有害於女同志和男同志，其他面向也都會造成壓迫，包括需要決定是要出櫃或待在櫃子裡（兩個選擇各有不同壓力）、被認為性向就是你的全部、被質疑你的陽剛氣質／陰柔氣質。

……**天啊！**

然而從酷兒視角看來，這些概念都很有問題，因為它們把這些態度或偏見定位在**個體**身上。**制度性／結構性**恐同或異性戀主義的概念，某種程度上在處理這件事，但是異性戀正典可以幫我們從核心出發，尋找文化預設中的問題。

異性戀特權

異性戀特權是基於女性主義者和反種族主義運動者珮姬・麥金塔（Peggy McIntosh）提出的**男性特權**和**白人特權**概念。麥金塔探討這些特權如何綁在一起，使異性戀白人男性在生活中享有更多優勢。

特權背包

護照
通往更好的教育和高薪工作

簽證
到各個地方，遇見有助職涯的人

空白支票
在街上行走而不會被評論

安全網
在遇到危機時給予緩衝

> 這些特權就像一個無形無重的背包，裝著特殊補給、地圖、護照、編碼書、簽證衣物、鎖和空白支票。
>
> — 珮姬・麥金塔

許多人曾提出**異性戀特權清單**，包括：

- 看電影或電視的時候，我確定會有角色代表我的性向。
- 我長大的環境沒有攻擊我性向的日常用字（像是「那好 gay 喔」）。
- 我不曾需要代表所有的異性戀出頭。
- 我不需要跟別人說明我的性向是什麼。它已經被預設是異性戀。

特權的問題

持有異性戀特權被認為是完全正面的事,然而這個概念卻忽略了它對**裡面**和外面的人造成的問題:

- 擔心自己可能不正常的恐懼。
  如果你曾在一瞬間感受到同性的吸引力、受到不是伴侶的人吸引、或是遇到陰莖陰道交的困擾。
- 拉扯於嚴格遵循男性化╱女性化性別角色,以及所有隨之關閉可能性。
  別忘了貝姆對性別僵化的研究。
- 遵循不斷變化的標準的困難。
  像是有壓力要擁有精彩的性生活,同時又必須待在異性戀正典的範圍內。
- 意識到自己的特權是建立在他人的磨難上,感受到的罪惡感和羞愧感,並因此需要放棄某些特權,或遭受否定這事實的內心衝突。

其他正典

異性戀正典這個概念很實用的原因之一在於,它並沒有說這有利或有害於誰,只是說明其中內建的假設。而且跟剛剛提及的一些概念不同,它包含許多其他正典:

- **單性戀主義**(monosexism):人正常自然地只會被單一種性別吸引。
- **性命令**(sexual imperative)或**強制有性戀**(compulsory sexuality):人正常自然地會感受到性吸引力,並因此行動。
- **單偶正典**(mononormativity):正常自然的親密關係是單偶制伴侶關係。
- **順性別正典**(cisnormativity):人正常自然地會待在出生時被指定的性別。

從酷兒觀點來看,這些概念(恐同、異性戀主義、異性戀特權、異性戀正典等)都沒有絕對的「對」或「錯」。相對的,它們是在打開和關上不同的可能性。

審問異性戀正典

這代表著我們需要研究異性戀性向，以及其他「正典」身份與實踐，如同我們在研究女同志、男同志、雙性戀和其他「非正典」性向。酷兒理論很容易會只專注在 LGBT 群體和明顯的「踰越（transgressive）」實踐，但正如性批判教授麗莎・唐寧（Lisa Downing）所說：

> 關於異性戀關係、性交和生殖的論述陷阱，應該要受到相同或更嚴格的審查。一直以來枯關注被認為是正典的事物，導致我們不加質疑地接受那些潛在的不平等及傷害。

麗莎・唐寧

去看看書末的**更多資源**清單。關於揭露異性戀正典，裡面有許多酷兒理論家和運動者編寫的重要資料。

內／外

在酷兒理論合集《內／外》（Inside/Out，1991）的引言中，戴安娜·弗斯（Diana Fuss）利用德希達**添補**（supplement）的概念來分析異性戀／同性戀二元論。添補看似是「原版」的附加品，但其實「原版」才是仰賴它的那方。舉例來說，瘋狂、情緒化、同性戀都是添補：沒有瘋狂，就不存在理智的概念；沒有情緒化，就不存在理性的概念；沒有同性戀，就不存在異性戀的概念。

> 二元論的階級結構，建立於各種互相連結的二元對立：男／女性配上強／弱、主／被動、理性／情緒化，且二元的其中一邊被認定是次等的。

戴安娜·弗斯

男性	強壯	理性	異性戀
女性	弱小	情緒化（哇啊啊～）	同性戀（我怎會跟你們分在一起？）

就像巴特勒的操演性，這個理論展示了所謂的正典實際上多麼不穩定與不確定。

出來

弗斯特別關注異性戀／同性戀二元論與內／外的關係。這既是主流社會的裡面／外面，也是關於同志的「出櫃」。弗斯認爲「出來（outness）」的效果是有限的，因爲它認可了異性戀的中心地位，並支持其階級地位。如果異性戀不被認爲是正典，人們就不需要出櫃。

這也是巴特勒批判女性主義依賴「女性」類別的延續迴響。同志出櫃有可能會強化異性戀正典和恐同背後的二元階級結構，同時也讓仍在「在櫃子裡」的人被邊緣化。試圖反轉階級結構（例如說同志比異性戀更優秀）也存在類似問題。

因此我們可以說，重點是要**揭露**二元階級結構運作的方式，以及所涉及的其他權力和知識階級。

賽菊寇：如何將孩子教養成同志

伊芙·可索夫斯基·賽菊寇（Eve Kosofsky Sedgwick）是酷兒理論的關鍵人物之一，他進一步探討了支持異性戀／同性戀二元論的二元對立網絡。

在〈如何將孩子教養成同志〉（How to Bring Your Kids Up Gay，1991）這篇文章中，賽菊寇強調二元性向和二元性別之間密不可分的連結。他藉由分析「陰柔的」男同志如何持續被（主流媒體、醫學以及同志文化）污名化和病態化，指出「可接受的」同性戀是建立在性別順從的基礎上。

> 如何將孩子教養成同志

> 請注意異性戀正典預設孩子是異性戀，而任何其他狀況都是某種失敗或挫敗。

暗櫃認識論

在《暗櫃認識論》(The Epistemology of the Closet，1990)一書中，賽菊寇主張我們需要解開性向與性別間的交纏，否則異性戀正典將依舊存在。

> 令人驚嘆的是在這世紀交接的時代，生殖器活動中各種人人有別的維度裡，只有對象的性別被看見，並標記成現在無處不在的「性取向」類項別。

認識論＝對知識的研究

性涉及不同行為
性涉及不同感官
性涉及不同身體類型
性的量
性意味著什麼
權力遊戲
不同參與人數

> 我們可以考慮性取向跟其他維度的關係，比如偏好某種行為、身體區域或感官、身體類型、頻率、象徵性投資、年紀或權力關係、物種、參與人數……

先天／後天

賽菊寇也探討了先天／後天二元論近期的轉變。原本性向被認爲是「社會性」的，轉爲被看作是「生物性」的。而且不論同性戀的主因是先天還是後天的，都會被認爲先天或後天出了什麼問題。他指出生物學對性向的「解釋」通常會說同性戀是因爲某種東西過多或缺乏所導致的，卻從不花力氣解釋爲什麼有些人會是異性戀。

> 同性戀是生物學上的異常。我們必須將它從人類的基因庫移除。

> 這是社會環境問題造成的，我們可以治好同性戀。

查爾斯·W·索卡里茲

預設為正典

心理學教授彼得・赫加蒂（Peter Hegarty）的研究正好回應了賽菊寇、弗斯和其他酷兒理論家提出的看法。他的研究發現心理學期刊論文和一般大眾都傾向假設男性、異性戀是正典，並將女性及同志的不同之處視為偏離正典。研究成果也指出，即使人們認為同性戀是天生的而不是後天養成的，他們恐同的程度也不會比較少。這支持了賽菊寇的觀點：無論先天／後天二元哪邊比較強勢，異性戀／同性戀階級都依然存在。

> 請人解釋男/女性或異性戀/同志的差別是什麼，他們會跟你說，相較於前者，後者的不同或偏差是什麼。

同志酒吧　酒吧

足球 和「女子足球」

超越性向和性別的酷兒

現在你已經認識了一些酷兒理論的創始人（無論他們是否這麼看待自己！）並學到它的一些關鍵概念：

- 身份既不是本質的也不是固定的，但因為重複的操演而讓人覺得像是如此。
- 正典的維持是藉由各種二元對立的結合。
- 一切都是植根於當下的經濟和社會結構，及權力在其中的運作方式。

> 我不介意我的手腳和身體是稻草做的，因為這樣我就不會受傷⋯但我不希望人們叫我傻瓜，而且如果我的頭裡繼續塞滿稻草，不像你的是頭腦，我又怎麼知道任何事？

> 聰明／愚笨也只是另一個虛假的二元論。

> 身份並不是一堆填著智力、種族、生理性別、階級、職業、性別的格子。身份是一條河流、一個過程。身份在各面向之間及之上流動。

格洛麗亞・安扎杜瓦

這些當然也適用於其他超越性向及性別的身份、二元論和正典。也因為如此，酷兒理論從一開始就在努力擴大對酷兒的狹義理解。

酷兒參與

現在讓我們來看看酷兒理論有涉入哪些領域：人們怎麼實際運用酷兒理論。

由於酷兒理論主要出身自人文學科，相關學術研究也都聚焦在文學、媒體和其他**文本**，接下來的幾頁我們主要將探討酷兒理論如何涉入流行文化，因爲：

專注於文本

許多早期的經典酷兒理論書籍中，作者會「細讀」文學、文化、政治或其他文本，近年的酷兒理論也延續了這個趨勢。這是因為酷兒理論以及整個後結構主義，都相當嚴肅在看待語言。關於性向、性別和身份的「知識」，是**透過語言（複製）生產的***。

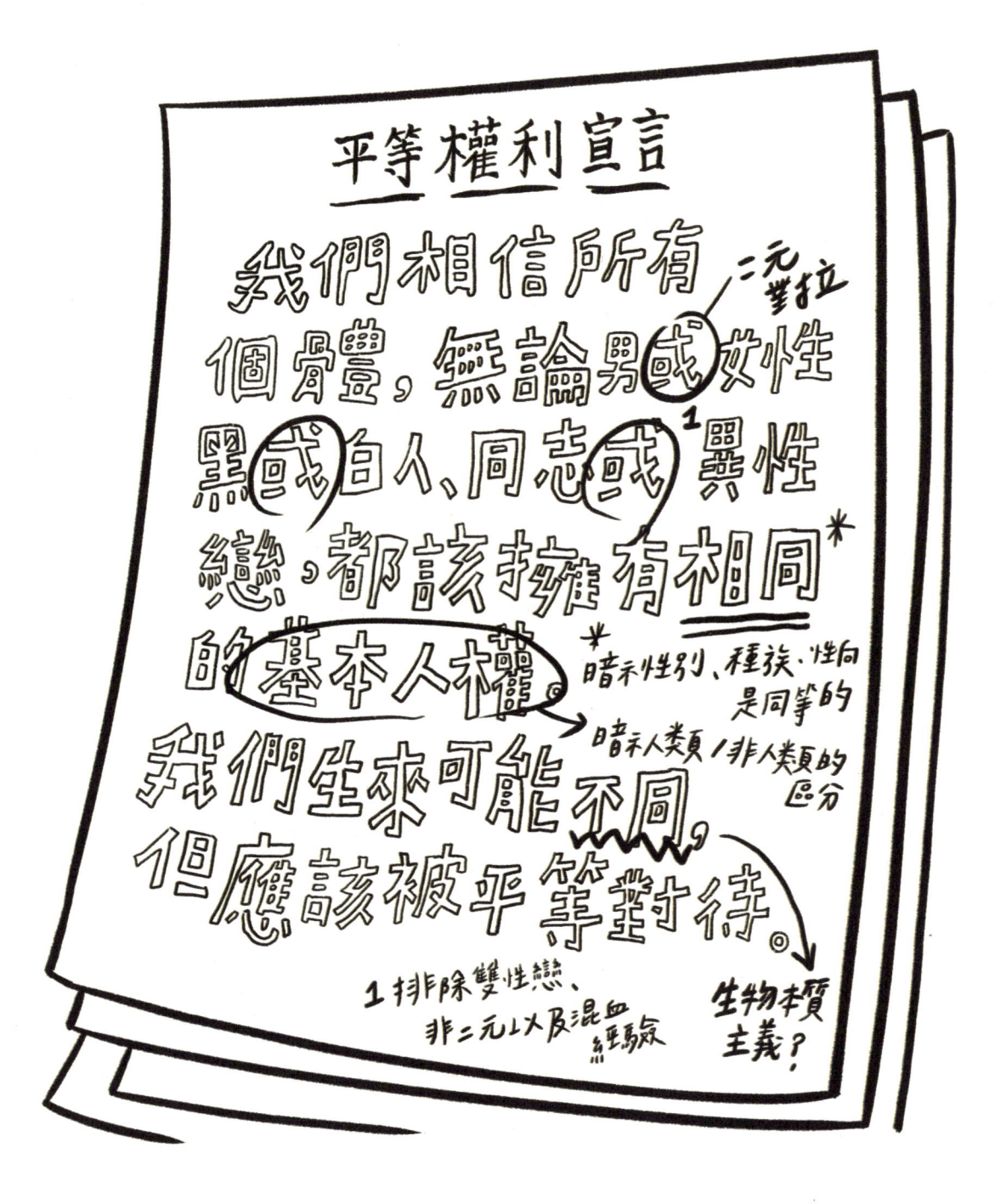

> **平等權利宣言**
>
> 我們相信所有個體，無論男或女性、黑或白人、同志或異性戀，都該擁有相同*的基本人權。我們生來可能不同，但應該被平等對待。
>
> ——二元對立
>
> 1 排除雙性戀、非二元以及混血經驗
>
> * 暗示性別、種族、性向是同等的
>
> 暗示人類/非人類的區分
>
> 生物本質主義？

* 這裡的括弧代表著知識同時是透過語言生產（production）與複製（reproduction）的。事實上，我們可以主張所謂的生產就是在複製已經存在的東西，因此這裡使用（複製）生產這樣的寫法。

論述分析

酷兒理論經常涉及被稱為**論述分析**的批判性參與，盤問語言和視覺文本這些類型的問題：

語言遊戲

對語言的關注可能是酷兒理論家這麼喜歡玩文字遊戲的原因之一。你可能已經發現這本書的某些標題（許多是取自酷兒理論書籍）也在玩各種用字。酷兒理論家總喜歡為詞語加括號＊、玩弄雙關、使用有多重含義的詞。

> 「drag」也可以指時間過得很慢、拖著什麼東西，或是操演不同的性別。

伊莉莎白・費里曼

> 我們「orient」某個東西，代表在空間中轉向面對它，但它也可以指異國的他者（東方），以及性取向。

莎拉・艾哈邁德

> 當我們「against」某個事物，可以是反對一件事，也可以指緊貼著一個東西。那「against愛」到底是什麼意思？

蘿拉・吉普妮其

＊像幾頁前的（複製）生產。

101

酷兒化酷兒

酷兒解讀（queer reading）或酷兒分析常被稱為「**酷兒化**（queering）」，因為藉由特定的解讀方式，酷兒解讀經常使文本讀起來更酷兒。酷兒理論家和後結構主義者主張文本從不存在單一種「真正」的解讀方式，即使是作者意圖的那種。相反的，存在各種可能的解讀方式，而讀者也參與在（複製）生產出的不同知識中。如傅柯所說，我們既是權力和知識系統的行動者，也同時受它們影響。

酷兒（或其他方式）解讀文本的可能性也會受文化影響隨時間改變。以福爾摩斯與華生的關係為例，當代必須表現它們之間的酷兒潛力，但過去並不用這麼做，這就是文化變化造成的。

酷兒時刻

酷兒理論家亞歷山大・多提（Alexander Doty）質疑女同志和男同志研究使用的分析方法：只專注在女同志男同志媒體，或女同志男同志觀眾接收主流媒體的方式（這是在預設身份類別）。他主張**任何人**和文本互動都有可能經歷酷兒時刻，在異性戀正典文本也有可能發生。

酷兒時刻是打破敘事並且透過揭露異性戀正典的關鍵組成，來動搖其穩定性的時刻。酷兒時刻是展示性別是一種操演、身份不是固定的、酷兒吸引力存在，或者擾亂對性向性別二元理解的時刻。

在《007首部曲：皇家夜總會》（2006）裡，詹姆士・龐德從海裡走出來的畫面，是在致敬《第七號情報員》（1962）赫妮・萊德爾在海邊相同的場景和動作。這就是一個酷兒時刻，它邀請人們對這個超陽剛的男性身體投以帶有慾望的凝視。過往在主流媒體中，這種凝視通常都是對著女性身體。這也是在展示陽剛氣質就如同陰柔氣質是操演的。

坎普

坎普經常涉及明顯的戲仿、浮誇、戲劇表現、諷刺和幽默。透過這種方式，坎普形象擁有展示性別和性向操演性的潛力，並能擾亂正典形象。

然而有些人認為坎普已經變成流行文化的一份子，失去批判的鋒芒，並和它的男同志次文化歷史脫節。

霍伯斯坦與低理論

傑克・霍伯斯坦（Jack Halberstam）是一個經常把流行文化酷兒化的酷兒理論家。霍伯斯坦重視「低」理論和文化，就如同「高」理論和文化一般 *。他取材流行文化，像是迪士尼電影、「呆笨」喜劇和女神卡卡，並拿它們和學術理論進行對話。他非常認真看待這些低文化，就如同其他學者看待高藝術和文學一樣認真。同時他對一切都保有一份玩心。

在《酷兒的失敗藝術》（In The Queer Art of Failure，2011）中，霍伯斯坦在低文化中尋找，異性戀正典看待「成功」（婚姻、孩子、錢、房子等）的替代方案。低文化接受那些不太嚴肅認真的表現。在這裡，人可以犯錯，可以在意想不到的地方進行抵抗。

傅柯 VS 卡卡

傑克・霍伯斯坦

* 是的，他也在擾亂低／高二元論。

「豬頭,我的性別咧?」

霍伯斯坦比較《豬頭,我的車咧》(Dude, Where's My Car?,2000)和其他關於傻笨白男人的「好基友」電影。這類電影的結尾經常是其中一人或兩人都必須「長大」,經由「把到女人」和疏遠友誼,投身異性戀正典。

然而在這部電影中,抹除記憶的橋段讓主角可以維持在什麼都不記得的狀態,並且透過這樣的「愚笨」來挑戰異性戀正典。這兩位角色模糊了同性友愛(好哥們)和同性戀(裸身相見與接吻)的界線,並在電影中和同志及跨性別角色建立起友誼。

《海底總動員》的集體主義

霍伯斯坦也談到皮克斯的《海底總動員》(2003)跟早期迪士尼電影的不同之處。早期迪士尼電影經常是異性戀正典愛情故事,或是英雄運用力量去修復(異性戀)正典家庭。皮克斯電影則比較是關於集體主義理想,而且比起(異性戀)浪漫關係更重視友情,像是《玩具總動員》(1995)或《怪獸電力公司》(2001)裡的那些角色。

哈爾伯斯坦檢視了多莉這個健忘的角色,提出抵抗(異性戀)正典家庭的方式。多莉由艾倫·狄珍妮(Ellen Degeneres)配音,由於遺忘了家人而無法是傳統「血緣」家庭的一份子。他也無法與男性角色建立浪漫關係,因為他會立刻忘記對方。然而他和各種生物快樂地建立關係,不受限於生物學、浪漫愛以及線性時間。

酷兒藝術

除了以批判的方式和現有文本互動,酷兒理論也能透過生產新的文本,以創造性的方式介入流行文化。這樣的藝術形式本身,可以被看作是了解、思考和體驗酷兒世界的方式。

舉例來說,奧克塔維婭·巴特勒(Octavia Butler)的科幻小說和艾莉森·貝克德爾(Alison Bechdel)的漫畫都明顯在虛構寫作中結合了酷兒理論。在新酷兒電影(New Queer Cinema)裡,葛斯·范桑(Gus Van Sant)和羅絲·托奇(Rose Troche)這些導演則是藉由電影探討酷兒性。酷兒核(queercore)和酷兒嘻哈也在音樂領域中創造類似的可能性。

游擊戰術

酷兒藝術並不全發生在那些廣為人知的媒體上。有些很棒的酷兒干預發生在網路上,像是集體嘲諷異性戀正典產品、對異性戀正典音樂影片的戲仿、在同人創作中重新**配對**(shipping and slashing)異性戀正典角色。

配對是透過同人創作,把原本沒關係的角色湊成對,並用斜線或縮寫來稱呼這些配對,像是巴菲／薇羅以及跩哈配(跩哥和哈利)*。配對把對文本的酷兒解讀轉換為酷兒書寫。一部分的樂趣在於,在主流媒體正典文本的間隙中,穿插一些更酷兒的故事。《女巫前傳》(Wicked,1995／2003)就是一個有名的酷兒配對書寫範例,它為《綠野仙蹤》(Wizard of Oz,1900／1939)場景之間的空白創造了全新的想像,打破原著中的敘事和二元論。

* 編註:巴菲／薇羅是從影集《魔法奇兵》(Buffy the Vampire Slayer)衍伸出的配對,跩哈配則來自《哈利波特》系列。

這樣的干預方式把愉悅和玩心帶入批判式酷兒參與。

109

酷兒生物學

除了涉入流行文化，另一種非常不同的酷兒參與是新興的酷兒生物學。

還記得阿爾弗雷德·金賽的研究方法與酷兒理論相當契合嗎？然而在他之後，自 20 世紀中期以來，性別與性向的科學研究大多採用二元論及生物本質主義，因此酷兒理論經常在批判它們而非參與其中。

先天／後天

作爲**社會建構論**的手段，酷兒理論涉及社會類別的**去自然化**，常被認爲在先天／後天辯論中（又一個有問題的二元論），是支持「後天」那一方。

傅柯和巴特勒從未表示過生物學與我們的性向或性別全然無關。他們只是更感興趣歷史上和文化上，如何生產性向和性別作爲經驗的建構類別。他們對於生物學的質疑也有所根據，當生物學主張：

- **本質主義**：我們的身份是固定的。
- **簡化論**：所有的性別／性向經驗都可以簡化用生物學解釋（荷爾蒙、大腦活動）。
- **決定論**：人們的性別／性向是由他們的基因、荷爾蒙或生理學決定的。*

先天 VS 後天

關於生物學的問題，我沒有任何事要說。

---

* 社會學理論也可能屬於本質主義、簡化論和決定論，如果它們將身份視爲固定的、根基於社會經驗（像是扶養）或由社會經驗決定的。

科學的異性戀正典凝視

不過近年來,像安妮・福斯托—斯特林(Anne Fausto-Sterling)、瓊・拉夫加登(Joan Roughgarden)、和莎利・范・安德斯(Sari van Anders)等生物學家對性與性別的研究,就和酷兒理論更為相容:強調多樣性與流動性,並避免本質主義、簡化論和決定論。

酷兒生物學的重點之一,是要挑戰科學(和大眾)理所當然的認為:異性戀正典是「自然的」(基於生物學,因繁殖的需求演化而來),所有非人類動物都是異性戀,並符合典型性別角色。

演化的彩虹與生物的豐富

布魯斯・巴格納爾（Bruce Bagemihl）《生物的豐富》（Biological Exuberance，1999）一書中，記錄了 450 種物種的同性性行爲。《演化的彩虹》（Evolution's Rainbow，2004）一書中，瓊・拉夫加登主張對動物來說，性的社會功能跟生殖功能同等重要，它能強化個體之間及群體內的連結。愉悅顯然對於人類和非人類動物都非常重要。許多動物會自慰、在懷孕時有性行爲、參與無關生殖的性活動。

此外，超過 4000 種物種是採用不需要伴侶的無性生殖，且許多物種會在生命歷程中變換生理性別。這在魚類是如此常見，以致不會變換性別的魚反而是不尋常的。

賦性予身

遺傳學家安妮·福斯托－斯特林在《賦性予身》（Sexing the Body，2000）一書中，談論人類性／別的多樣性。

> 許多身體裡，混合著典型被認為屬於男性或女性的身體組件。現代手術技術擁護著兩性系統。嬰兒生下來「兩者都是／都不是」，是很常見的現象，但往往因為手術「矯正」了他們而消失。*

安妮·福斯托－斯特林

生物學的各種層級都存在性別的多樣性：從染色體組成、荷爾蒙敏感度與吸收率、生殖器（並不總是可以清楚區分是陰莖還是陰蒂）、腦的化學與結構、各種人們認為屬於「男性」或「女性」的生理特徵。相對於性別刻板印象，許多人其實更符合性別光譜「相反的」另一端（像是毛髮濃密程度、身高、聲音音調、體力、胸部尺寸）。

* 這樣的做法現在已被運動者和醫護人員挑戰。

性別錯覺

福斯托-斯特林的另一本書叫做《性╱別》(Sex/Gender,2012)。如同巴特勒,他也在挑戰(生物)生理性別和(社會)性別(角色)之間的先天╱後天區分。

神經科學家科迪莉亞・法恩(Cordelia Fine)也挑戰這樣的區別。他在《性別錯覺》(Delusions of Gender,2010)中提出強而有力的論點:性別角色如何寫入我們的大腦並不是「在硬體電路上寫死的」,而是像巴特勒所提,透過重複正典性別實踐而形成。

法恩引用大量神經科學和心理學研究,展示人們被促發意識到性別時,操演、態度和行為會更符合性別刻板印象,並指出這樣的習性如何長期塑造神經的連結(神經可塑性)。

生物心理社會

現在有了符合酷兒理論的生物學方法，以及性和性別是社會建構的觀點，這樣的**生物心理社會**（biopsychosocial）方法，認為生物、心理和社會世界是彼此重疊、互相關聯且無法分離的（因此才有這個複合詞：生物心理社會）。在這個複雜的網絡中，所有的元素都會互相影響。

酷兒生物學家好奇這些元素如何共同運作，產生性和性別的多樣性與流動性。一個過度簡化＊的例子看起來可能會像這樣。

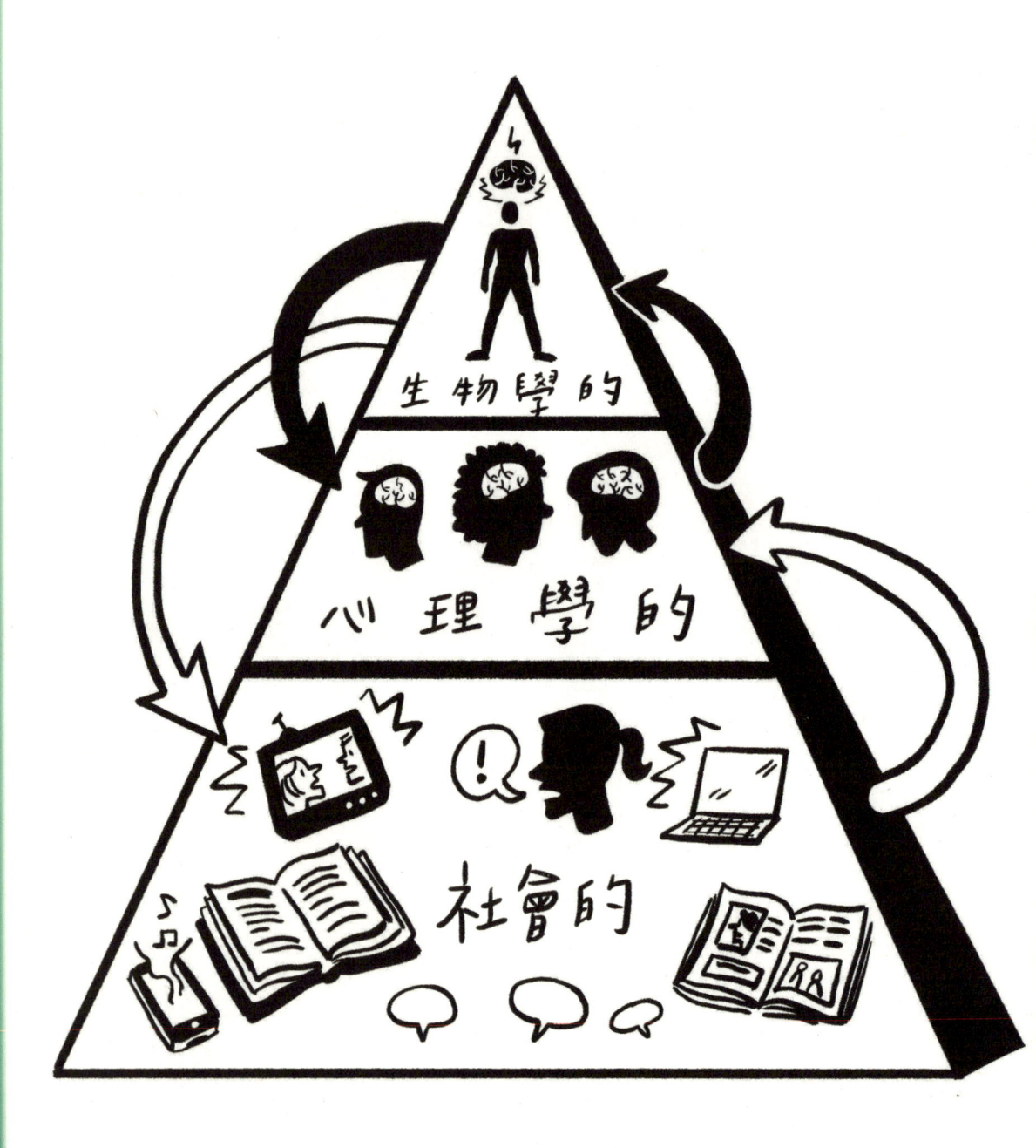

＊因為實際上，我們並無法分離各別元素以及它們的因果關係。

116

性配置

源自酷兒生物學，莎利‧范‧安德斯的性配置理論（sexual configurations theory）是一個關於性向的重要生物心理社會理論。范‧安德斯明確反對生物本質主義、簡化論和決定論，並指出我們的神經內分泌（例如睪固酮濃度）既可以影響行為，也會受行為改變。

他結合了酷兒理論、女性主義理論與生物科學研究，對於性向提出一種可驗證、基於實證的框架。這個框架包含多個維度（不僅限於受吸引的性別）、是動態流動的（非固定不可改變的）、包含社會情境並且與人們實際的生活經驗共鳴。

如此一來，我們每個人都有獨特的**性配置**（而不是共通的**性取向**）。面對關係的不同面向（像是情色、養育），我們也可能有著相似或截然不同的配置。

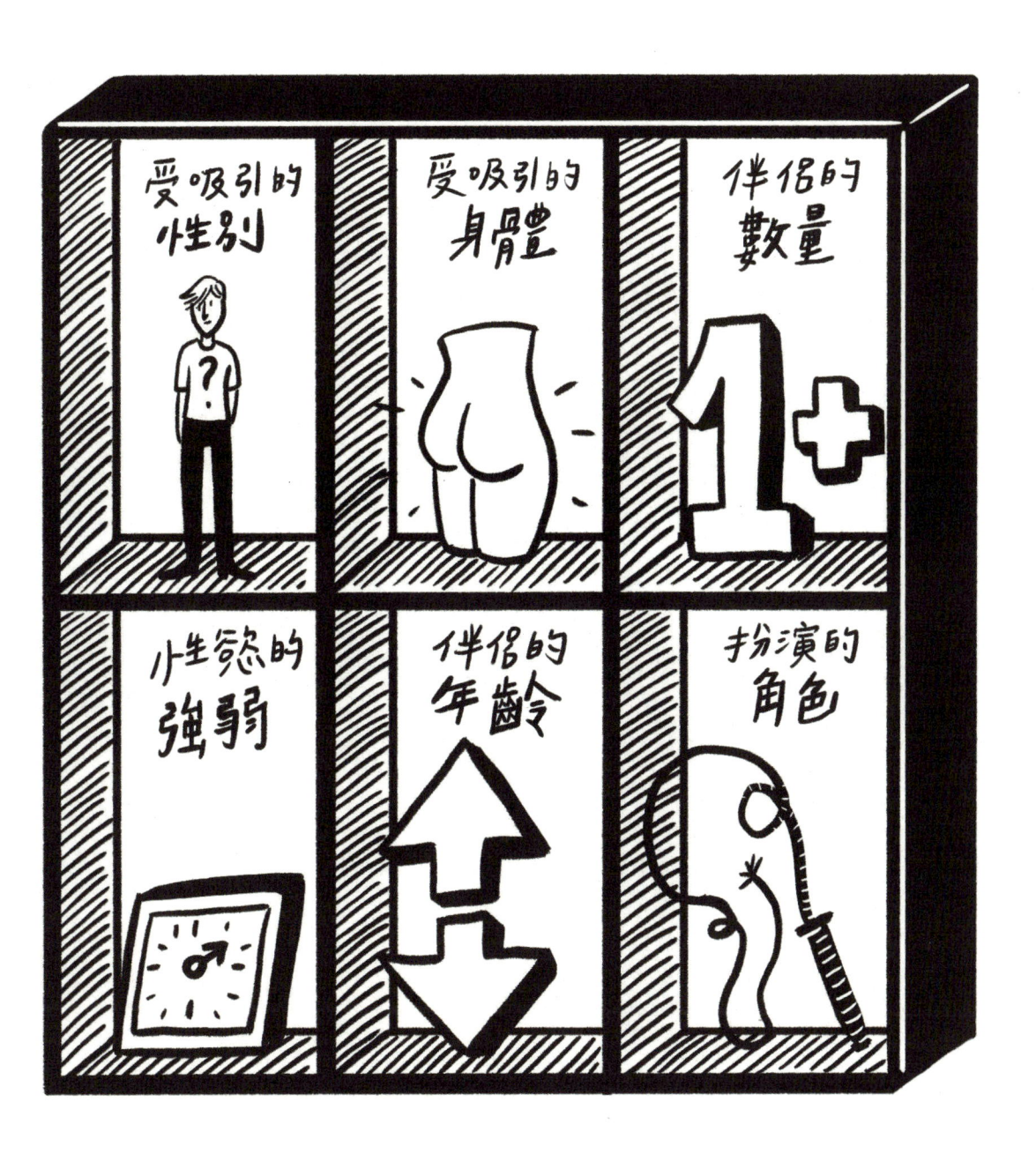

批判性學

更進一步的酷兒參與可以被廣泛稱為「批判性學（critical sexology）」。因為有些性學家同時涉及兩者，請記得性學是關於兩件互相關聯的事：

- 人類的性和性向的學術研究（通常是社會科學，像心理學和社會學，也涉及自然科學）。
- 這個領域的專業應用實踐，例如性醫學、性健康和性治療。

批判性學意圖把酷兒理論帶入這兩個領域：性學的研究與實踐。

批判性學的特徵

批判性學通常有這些共通特徵：

- 整合多種學門的成果。
- 採取非病態化和非本質化立場。
- 強調多樣性。
- 以同等態度去（學術）檢視所有形式的性向和性表徵，包括正典的和非正典的。
- 將各種身份和實踐定位在更廣泛的社會結構和權力關係中。
- 對研究和理論中再現的人，具備當責的倫理（ethics of accountability）。

許多批判性學家也會直接參與性／性別社群，試圖影響相關政策及措施。

從邊緣思考

如莎利·范·安德斯一般，有許多學者致力於**從**性的邊緣出發思考：對於那些迫切投入自身觀點的群體和個人，重視從他們身上獲得的洞見。這些人經常以創新的方式思考性、性別和關係。

這與過去多數的性學研究及理論形成鮮明對比。過往研究在尋求的是普世通用的理論，並把邊緣**解釋**爲「異類」或「異常」。

比起人文學科的酷兒理論家，批判性學家更有機會研究到實際的**生活經驗**。因此他們通常採用**心理社會**（psychosocial）方法，將酷兒理論結合現象學、心理動力學或其他更基於經驗的研究形式。

禁羈

對於禁羈（kink）或 BDSM（束縛與規訓，支配與臣服，施虐與受虐）的批判研究，挑戰了過往性學專注在劃分正常與不正常（性偏離）的性。

從酷兒的觀點來看，這類研究也有助於把焦點從性**身份**轉移到性**實踐**，從受吸引的性別轉移到性向的其他維度，從陰莖陰道交轉移到其他形式的性行為及無關性器官的行為。

這類研究證明從事 BDSM 的人沒有比別人更「心理不健康」，並詳細紀錄當下的文化脈絡中（持續病態化、入罪化、污名化禁羈），禁羈實踐者的生活經驗。

舉例來說，被打屁股的意義可能是：暫時扮演一個不同的角色、放掉腦袋去玩、放鬆、腦內啡充沛、展示你多能忍耐、探索過去的創傷、與另一個人建立親密感、讓自己被呵護……

開放式非單偶制關係

開放式非單偶制關係（openly non-monogamous relationships）的批判研究，聚焦於建立關係潛在的酷兒方式，並指出異性戀正典本質上包括了**單偶正典**：賦予單偶伴侶形式的親密關係特權。

如同霍伯斯坦在流行媒體探索酷兒親密關係的潛力，性學家也在研究開放式、多元愛（polyamorous）或其他非單偶制關係。

> 多元愛社群創造了一些新語言，以解釋不同的關係型態以及情緒經驗，像是「後設伴侶」代表的是你伴侶的另一個伴侶，而「同樂（compersion）」則是與嫉妒相反的正面情緒。

就像同性性吸引力，從酷兒觀點來看，我們必須指出禁慾實踐和開放式非單偶制關係本身並不是踰越的。有些學者被批評，把過去性學的忌性及病態化立場，替換為全面的性積極及歡慶立場。這其實也是基於二元論，也同樣是有問題的。

酷兒化性醫學

一些批判性學家直接涉入醫學和心理治療，質疑過往對跨性別和間性人（intersex）*的診斷和臨床措施。這些診斷和臨床措施往往是基於一些對性和性別的異性戀正典假設。

批判心理學家廖麗玫（Lih Mei Liao）、卡崔納·羅恩（Katrina Roen）與酷兒學者伊恩·莫蘭（Iain Morland）合作，記錄間性人治療的歷史與現狀。他們也和醫護人員一起工作，並推動政策改革。

關鍵議題包括如何確保手術的知情同意，以及諸多證據顯示許多人不以二元的方式經驗和表達他們的性別代表著什麼，還有認可這些經驗對心理健康的有多麼重要。

* 又稱性別分化多元性（diverse sex development）。

酷兒化性治療

批判性治療師,像是那些參與佩吉·克萊因普拉茨(Peggy Kleinplatz)所編《性治療新方向》(New Directions in Sex Therapy,2012)的貢獻者,已經揭露現有性功能「障礙」類別背後的異性戀正典,以及性交等於陰莖陰道交的假設。他們認為任何性經驗(包括勃起、高潮,或缺乏這些狀態)對不同人都有不同意義,這與他們所處的關係及文化有關。因此相對於「治好」問題,治療是要理解個案的經驗在他們的脈絡中代表著什麼。

他們也發現性障礙背後通常是更廣泛關於性的「宏大敘事」。人們在性互動中難以專注於當下,常常是因為他們覺得必須遵守社會正典的「潛規則」,也就是什麼是「好」或「對」的性。

批判與拉扯

現在讓我們來看看酷兒理論的一些主要問題。許多批判和拉扯是針對某些思想家或流派,而不是針對酷兒理論的全部(因為那是不可能的)。有一些則是針對酷兒運動而非酷兒理論。儘管如此,這些都是我們必須面對和盡力處理的議題。

這些想法和現實生活很脫節!

不好意思喔,我的理論是完美的,是你的社會運動有問題。

其實你們都沒考慮到跨性別的經驗,而我……

一組特別重要的批判和拉扯源自把酷兒理論和種族放在一起。創造「酷兒理論」這個詞的特蕾莎‧德‧勞雷蒂斯認為，種族應該被放在議題的中心，因為性的主體性受到種族的影響不亞於性別。

然而目前為止我們所談到的酷兒理論，鮮少有人把種族放在核心思考（與此相關，我們提到的酷兒理論家有多少是白人？），酷兒理論因此被批判是在「洗白（white-washing）」*。我們須要持續嚴謹分析，酷兒理論和酷兒運動背後的結構是如何受到膚色影響。

* 譯註：僅關注於白人世界與其文化，忽視與掩蓋有色人種的生命、文化與歷史，導致大眾只看得見被「洗白」的世界。

爲什麼該把種族放在酷兒理論的核心？

・最早一批指出基於單一身份的身份政治有問題的人，包含了許多黑人女性主義者。

・就像格洛麗亞・安扎杜瓦所指出，種族這個類別是人們被（以固定、二元、生物本質論的方法）識別和監管的重要方法，至少與性別和性向一樣重要。

・跟性向差不多同一個時期，種族作爲一種「科學」分類的概念出現。而且如傅柯所指出，定義和確保「種族純化」的意圖與性別、性向的建構密不可分。例如，將同性戀視爲浪費白人繁殖的可能性，而女性在（白人）婚姻以外的性關係則被視爲不純潔或是偏差。

種族

凱・那摩其戴

凱西・科恩

荷西・埃斯特班・慕諾茲

莎拉・艾哈邁德

大衛・L・恩格

E・派崔克・強生

質問種族

性別、種族和性向因此匯聚為人的「正典」（一般是白人、異性戀、順性別男性），並被作為比較基準。例如，關於性別／性向，黑人和亞洲人常常被認為是和白人不同的兩種極端。亞洲男性常被刻板化的認為較陰柔，而黑人男性則被看作是超陽剛。亞洲女性常被刻板化的認為較天真，而黑人女性則是情慾格外旺盛。

> 就像性別和性向，種族也該被以酷兒理論質問。
> ——凱西·科恩

128

對種族邊緣化的回應

批判種族理論認為種族主義根深蒂固於社會系統和結構中，不該將其歸因於個人。它分析白人特權和白人優越主義如何維持有色人種的邊緣化。

後殖民理論試圖分析並打破殖民二元論，像是殖民者／被殖民者、主導／服從、壓迫者／被壓迫者，並指出牽涉其中的暴力。

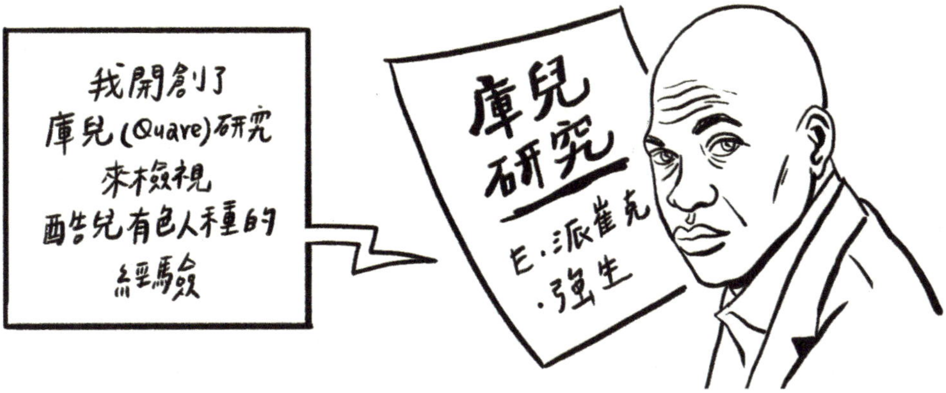

> 我開創了庫兒(Quare)研究來檢視酷兒有色人種的經驗

庫兒研究
E.派崔克.強生

> 結合批判種族理論和酷兒理論，我們能探索對於不同面向的身份，去除身份(disidentify)代表什麼意義，特別是對那些身份被邊緣化的人來說。

批判種族理論
荷西.埃斯特班.慕諾茲

後殖民主義
史考特.摩根森

> 我結合後殖民理論和酷兒理論，檢視白人殖民北美原住民的過程中，經常伴隨謀殺被視為性別性向偏差的雙靈人。

當然種族並不是唯一和性別及性向交纏運作的文化類別。其他還包括：階級、族裔、國籍、年齡、身心障礙、宗教信仰……多到不可能全部列舉完畢。

這對於各種針對單一類別的理論方法來說是個挑戰，因為它們通常忽視了其他類別的影響。

* 致敬弗拉維亞・佐丹（Flavia Dzodan）對女性主義的發言。

聚焦白人少數世界

相似於這些關於種族的批判，酷兒理論也被批判援引的理論主要都是發展自白人少數世界（white minority-world）脈絡。「少數世界」這個詞提醒了我們，世界上大多數人都生活在經濟較窮困的大陸（亞洲、非洲和拉丁美洲），這反映了另一套（全球性的）不平等。這樣的二元區別總是過於簡化事物，因為「多數世界」中具有的多樣性，以及某些國家也模糊了多數／少數的界線。

人類學家吉爾伯特・赫德（Gilbert Herdt）指出，聚焦在白人少數世界的問題是，全球許多文化並不像少數世界那樣以本質主義和二元的方式看待性別和性向。

*譯註：考量到文化多元性以及脈絡上的差異，此處對於各種文化中的性或性別身份採用音譯並保留英文，而未譯為相近的華文身份名稱。

海吉拉↑

湯姆／迪伊↑

←比蘇

大部分的酷兒理論都是在反映少數世界的文化觀點與考量。它們無視印度的海吉拉（Hijra）；泰國的湯姆（Tom）、迪伊（Dee）、凱瑟伊（Kathoey）；印尼的比蘇（Bissu）、卡拉拜（Calabai）、卡拉萊（Calalai）⋯

吉爾伯特・赫德→

南方理論

性別理論家蕾恩‧柯挪（Raewyn Connell）近年致力於研究「南方理論」：源自非洲、拉丁美洲、亞洲和澳洲原住民族的知識和想法。舉例來說，酷兒理論很少關注於佛學哲思，這似乎有點奇怪。*

> 數百年以來，我們一直在教導不二的概念，以及沒有固定不變的自我這件事。

> 我們也發展出許多實踐方式，讓人能直接體驗這些概念，而不僅僅是在智識上理解它們。

當然，許多版本的佛學仍是用二元的方式在思考性別，而且常常相當忌性。

* 傅柯和賽菊寇晚期的研究已經開始觸及這塊領域。

全球酷兒

其他的思想家在關注：

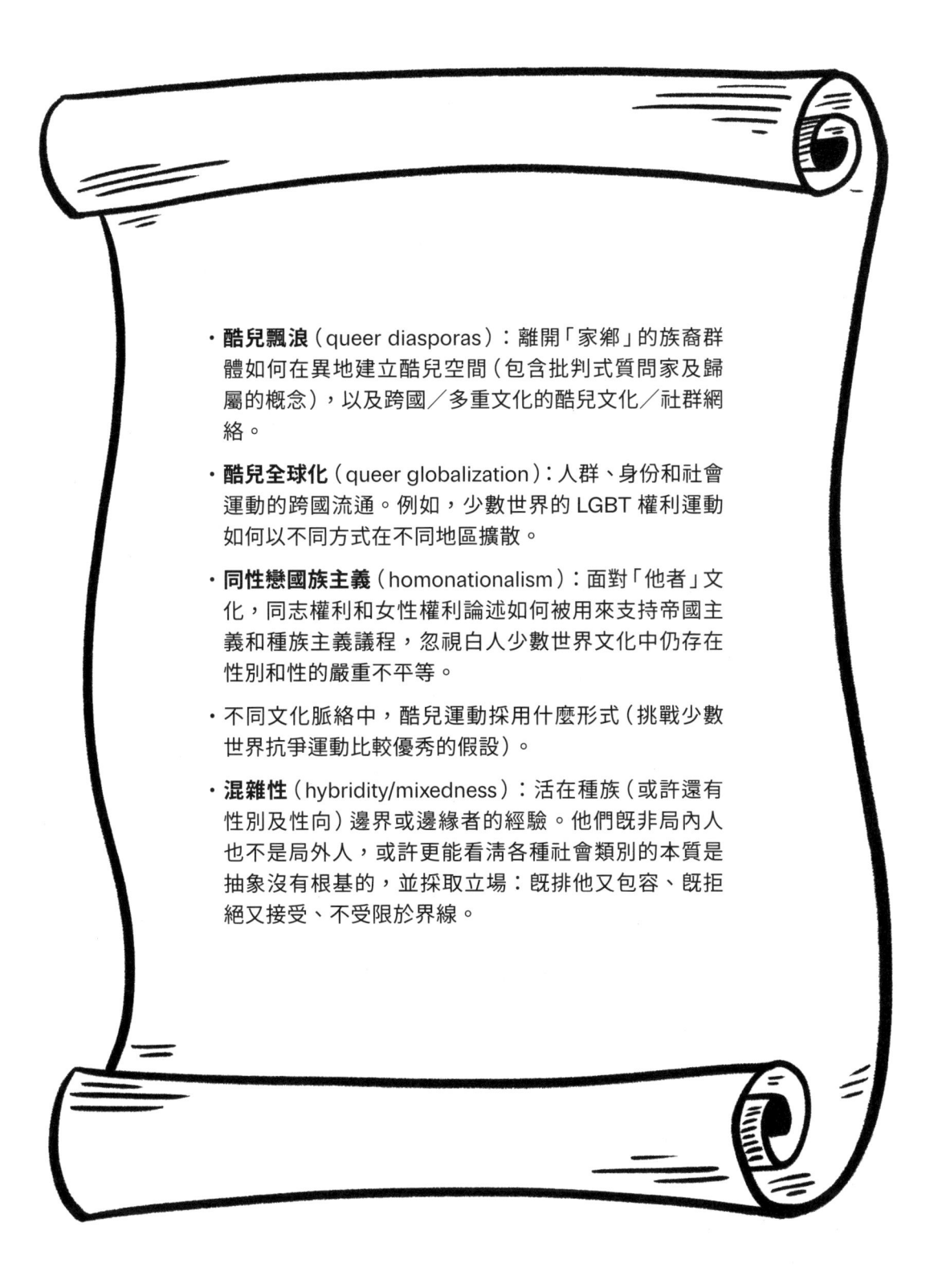

- **酷兒飄浪**（queer diasporas）：離開「家鄉」的族裔群體如何在異地建立酷兒空間（包含批判式質問家及歸屬的概念），以及跨國／多重文化的酷兒文化／社群網絡。
- **酷兒全球化**（queer globalization）：人群、身份和社會運動的跨國流通。例如，少數世界的 LGBT 權利運動如何以不同方式在不同地區擴散。
- **同性戀國族主義**（homonationalism）：面對「他者」文化，同志權利和女性權利論述如何被用來支持帝國主義和種族主義議程，忽視白人少數世界文化中仍存在性別和性的嚴重不平等。
- 不同文化脈絡中，酷兒運動採用什麼形式（挑戰少數世界抗爭運動比較優秀的假設）。
- **混雜性**（hybridity/mixedness）：活在種族（或許還有性別及性向）邊界或邊緣者的經驗。他們既非局內人也不是局外人，或許更能看清各種社會類別的本質是抽象沒有根基的，並採取立場：既排他又包容、既拒絕又接受、不受限於界線。

策略本質主義

看完這些討論，我們可以更批判地回顧酷兒理論反本質主義和反身份政治的立場。

批判理論家賈亞特里・查克拉沃蒂・斯皮瓦克（Gayatri Chakravorty Spivak）提出「策略本質主義（strategic essentialism）」的概念，指出對於邊緣群體來說，有時暫時「本質化」自己是有優勢的：突出簡化的群體身份認同，幫助他們推進目標，或避免被同化。

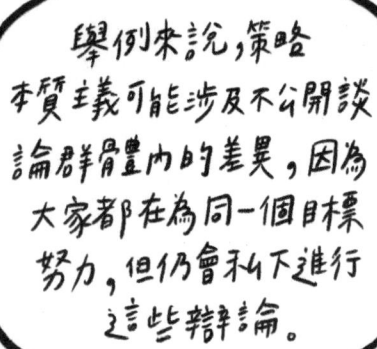

> 舉例來說，策略本質主義可能涉及不公開談論群體內的差異，因為大家都在為同一個目標努力，但仍會私下進行這些辯論。

賈亞特里・查克拉沃蒂・斯皮瓦克

身份政治仍有一席之地？

策略本質主義讓我們有機會重新思考固定身份的價值。

愛倫・辛菲爾德（Alan Sinfield）指出基於「身份政治」模式的 LGBT 權利運動至今的成果。它使邊緣化群體得以主張自我表達的空間，並向國家爭取權利和讓步。所以或許身份政治真的能在政治上獲得有效的成果。伊麗莎白・格羅茲（Elizabeth Grosz）和其他人也主張，如果要獲得政治上的成功，我們**同時需要**身份政治及酷兒政治。*

> 酷兒理論呼籲消除固定的性身份類別，但似乎忽視了某些傳統社會身份和社群連結可能對有些人的生存很重要。

凱西・科恩

---

* 巧妙避開另一個二元論。

酷兒和雙性戀

關於酷兒理論和身份政治之間的拉扯,雙性戀是塊特別明顯的戰場。雙性戀的學術研究和運動都在強調,雙性戀在主流文化中被**抹消**或**隱形**,是因為人們對性向的二元理解:不是同志即是異性戀。這帶來的影響包括:

- **恐雙**:歧視雙性戀族群,認為他們不值得信任、貪心或沒想清楚。
- **雙重歧視**:同時來自異性戀和同性戀的雙重歧視。這意味雙性戀常常感到無處適從,而且必須不斷重新出櫃為雙性戀。
- 相比異性戀、女同志、男同志,雙性戀有更多比例的人面臨心理健康問題。

抹消雙性戀

你可能會認為，酷兒理論會接納那些受到多於一種性別吸引*的人，因為他們的經驗挑戰了對性向（及性別）的二元理解。此外，大多數雙性戀學術研究和運動，都採用酷兒而非身份政治的運作方式。酷兒理論家可以從中獲益良多，特別是關於如何酷兒地引導自己的（不）可見性。

然而酷兒理論其實很少和雙性戀有所交集，甚至常常是在進一步抹消雙性戀。精神分析將它放在過去（雙性戀是達到成熟二元性向的一個過渡階段）。酷兒理論則是把它放逐到某種性向不需要標籤的烏托邦式未來，並拒絕面對雙性戀目前的經驗。

「雙鏡片」

「雙性戀濾鏡」

現在式不允許雙性戀存在

史蒂芬・安吉利德斯

* 這是雙性戀社群中最常採用的雙性戀定義。雖然許多人以為「雙」是代表同時受「同性別」和「其他性別」吸引。

酷兒和女性主義

酷兒理論和某些女性主義會有過一些拉扯，因為它們涉入性別及性向的方式不一樣。有些拉扯源自「女性主義性戰爭」，其中有些酷兒理論家批判某些路線的女性主義，僅透過父權性別關係的視角看待性向。

當某些女性主義是基於男女二元分類，並認為這些類別是人的本質特徵，酷兒理論當然也無法和它們相容。

在戰火最猛烈的時刻，卡米爾·帕利亞（Camille Paglia）這類女性主義者稱酷兒理論家為「招搖撞騙的寄生蟲」。瑪莎·努斯鮑姆（Martha Nussbaum）則將朱迪斯·巴特勒描述為「與邪惡合作的人」，批判他對現實狀況視而不見，忽視那些受虐女性及缺乏法律保護的同志。

酷兒理論家 VS. 女性主義

卡米爾·帕利亞：陰莖就是跟陰道相合。任何華麗的語言遊戲都不會改變這個生物上的事實！

安妮·福斯托－斯特林：你確定嗎？

酷兒女性主義？

朱迪斯·巴特勒的（酷兒）理論挑戰了大多數的女性主義。他認為鞏固「女性」作為一種穩定一致身份的任何觀念，都可能會強化性別壓迫結構，而不是幫助人們從中解放。

然而，社會學教授黛安·理查森（Diane Richardson）認為，人們過於強調酷兒理論與女性主義之間的對比和對立。考慮到許多運動者和學者同時是女性主義者也是酷兒，這是一種虛假的二元劃分。他認為如果結合酷兒的解構工具與女性主義對正義的關注，將帶來許多新的收穫。

酷兒陽剛

也有一些女性主義者擔憂，酷兒理論家在分析性向時，可能不夠注意其中的性別。像安那馬麗・賈戈斯（Annamarie Jagose）曾提出這樣的可能性：

> 酷兒表面上看似性別中性，酷兒理論卻可能在其核心重建一種邊沒的陽剛性。

嗯哼

如果酷兒理論家不夠注意他們活在一個陽剛中心的文化，他們可能會在不知不覺中複製這種文化，像是過度專注於男同志及陽剛氣質。

茱莉亞・席菈諾（Julia Serano）提到在某些酷兒運動圈確實有這樣的現象，跨性別陽剛獲得的接受與慶祝遠大於跨性別陰柔，另外也存在恐陰柔（femmephobia）（由於廣泛文化敘事認為陰柔相對於陽剛是更操演的，陰柔也因此更被質疑）。

酷兒和跨性別：排跨基女戰爭

關於酷兒理論與跨性別，一直是女性主義與酷兒理論之爭的主戰場之一，並再次回到性別到底是本質還是建構的問題。*

令人意外的是，有些**排斥跨性別的基進女性主義者**（trans-exclusionary radical feminists, TERFs）雖然將女性特質視為本質的，卻利用朱迪斯·巴特勒的理論來推動他們的議題。珍妮絲·雷蒙德（Janice Raymond）和希拉·傑弗里斯（Sheila Jeffreys）曾主張，基於性別在男性主導社會被建構的方式，跨性別手術是一種政治性的殘害行為。跨性別者在此經常被視為遭受異性戀正典醫學論述欺騙的受害者，他們其實可以且應該選擇待在被指定的性別，以挑戰僵固的性別角色，而不是**選擇轉變性別**。

* 如你所見，又一個有問題的二元論。

巴特勒看跨性別議題

巴特勒強烈反對排跨基女的觀點，駁斥那是對社會建構主義的誤解。如我們所知，性別是由社會建構的這個概念，並不代表一個人對自己性別的感知不是真的，或是他們可以輕易**選擇**要當另一種性別。社會建構也不表示人類經驗中沒有身體性的部分。巴特勒反對任何形式的女性主義監管跨性別的生命與生活。

> 堅持感到必要的轉換是件勇敢的事。我們所有人，作為肉身之軀，面對那些形塑我們的正典，都必須積極思考要如何與之共存及對抗。每個人都應該能自由決定自身性別化的生活之道。

收編跨性別經驗？

《第二皮膚：變性的身體敘事》(Second Skins: The Body Narratives of Transsexuality，1998) 作者杰·波瑟 (Jay Prosser) 主張跨性別經驗一直是酷兒理論發展的核心。這相當耐人尋味，因為酷兒理論不太涉及雙性戀經驗，且跨性別經常採用相當二元的性別分類，並認為自己本質上是男性／女性（不過當然不是所有人都這樣）。

性別臨床醫師及學者克里斯提那·理查茲 (Christina Richards) 主張，對於跨性別經驗，酷兒理論可能會落入另一組二元論：**不是**高度讚揚**就是**高度批判，**不是**視為顛覆**就是**服從。

我們也可以質疑暗含的假設⋯⋯

克里斯提那·理查茲

擾亂異性戀正典的責任

落在社會中最邊緣的人們的身上。

跨性別研究

收編跨性別經驗來支持任何特定理論，對跨性別都是有害無益的，同時也是在把多樣化的群體呈現為均一的模樣，並閃避跨性別者面臨的實質挑戰與歧視。

跨性別研究這塊新興領域經常援引酷兒理論，並產出關於跨性別生活經驗的豐富敘述，抵抗簡化、統一的敘事。跨性別研究學者雅各·黑爾（Jacob Hale）對於寫作跨性別議題的建議是個很好的出發點。

→ 用謙卑的心態去接近你想寫的主題
　→ 質問你自己的立場
　　→ 不要抹消我們的聲音
　　　→ 不要假設所有跨性別經驗都是一樣的

性別酷兒

性別酷兒（genderqueer）或非二元性別是跨性別的一部分，近期開始受到更多關注。對於那些描繪二元性別之間或之外，爆炸性擴增的詞彙表（像是性別中性（gender neutral）、性別流動（genderfluid）、無性別（agender）、泛性別（pangender）和雙性，這些只是冰山一角），性別酷兒和非二元性別是它們的傘狀統稱。這樣的性別爆炸正如桑德拉·貝姆所提倡，是拆除性別不平等所需要的。

就如同酷兒理論和雙性戀及跨性別之間的關係，非二元性別和酷兒理論很可能也有同樣的拉扯。它打破性別的二元論，但也可能會被視為回歸到權利運動中的身份政治。

145

順性別主義

性別研究者－實踐者加維·安薩拉（Gávi Ansara）提出順性別主義（cisgenderism）的概念，它是異性戀正典的一部分，有助我們思考跨性別議題。順性別主義是一套基於順性別正典假設的思考與實踐系統，否定人們對自身性別及身體的理解，包含性別錯稱（misgendering），以及將人病態化、邊緣化和二元化。

順性別主義可能包含：因爲一個人看起來比較陽剛，就假定他在出生時被指定爲男性，或有特定的生理結構；預設所有人不是男性就是女性，因此稱呼他爲「先生」或「女士」；或是當你發現他是跨性別的時候，就開始問一些私人問題，像是他的性生活或他接受的醫療干預。

物質性很重要

如你所見,我們談到的各種對酷兒理論的批判,許多圍繞著酷兒理論如何低估或避而不談生活中的物質條件,像是貧窮、歧視、暴力、職業與失業。批判種族理論家、女性主義者和跨性別學者／運動者都有提出這點。

蘇珊‧A‧曼(Susan A. Mann)也主張,酷兒理論缺乏對於身份建構與解構相關的經濟及政治脈絡分析,導致階級在酷兒理論中變成「看不見的鬼魂」。

酷兒理論被指控過於關注個人的踰越行為及文化表現,可能被視為忽略或粉飾論述背後的壓迫過程及系統性不平等。

當我們在現實生活中掙扎,學術界卻在談論流行文化,這對我們有什麼用?

生活經驗

我們也見到酷兒理論反對身份政治的立場被批判。對於那些一直以來身份未被指認的人（像是被殖民者、雙性戀者、跨性別者），酷兒理論沒有考慮到他們的生活經驗。

因此，或許比起屏除所有形式的身份類別，酷兒理論需要轉為同時考慮類別為人們開啟和關上的可能性。*

羅西．布雷朵蒂

我們沒辦法解構未曾被完全賦予的主體性。為了宣告主體的死亡，我們必須首先獲得作為主體發話的權利。

我只是在尋找某種社群……

我想我可能…

拜託聽一下我們在說什麼…

*「這和那」的思考方式是抵抗「非此即彼」二元論的一種方法。

難以親近？

也許對酷兒理論最為人知的批判是它難以親近。巴特勒還真的曾因學術作品艱澀難懂而獲得相關國際獎項！如果一個理論太過抽象、複雜、艱澀，真的會排斥非學術背景的人接觸它，也可能被視為菁英主義和階級歧視。

酷兒理論家反駁說，學者應該被允許用複雜的術語表達精密的概念。像科學就很少為同樣的原因受批判。

缺乏影響？

如果酷兒理論中那些有用且相關的概念，沒辦法進入人們的日常生活和理解中，那真會是場悲劇。特別是對於 LGBT 和女性主義運動，酷兒理論可以幫助運動者更有效且更包容地進行組織，像是比起關注身份類別，可以選擇更著重於性的多樣性。

或許對於各種領域來說，我們同時需要知識上的思想家，以及把這些概念翻譯成白話文、帶入日常生活與日常政治的人。酷兒運動者作家如茱莉亞・席菈諾、里奇・安尼・威爾欽斯（Riki Anne Wilchins）、凱特・伯恩斯坦（Kate Bornstein）、S・貝爾・伯格曼（S. Bear Bergman）和瑪蒂爾達・伯恩斯坦・西卡莫爾（Mattilda Bernstein Sycamore）都在這方面有所斬獲。我們也希望這本書能成為這條路上的一小步。

只是潮流？

最後，有人批判酷兒理論就像許多批判理論一樣，在背後驅動它的是潮流。珍妮絲·麥克勞克林（Janice McLaughlin）分析酷兒理論和女性主義保持距離的原因，他認為這是一種學術爭辯常見的迴圈，而這樣的狀態缺乏建設性。

一個領域被視為是主導、排他、過時的。

認出這些盲點。發展一個新領域。

舊領域越來越常被以刻板印象的式呈現，**無法**捕捉到它的**複雜性、多元性**和**脈絡**。

針對新領域建構起**學術流程**。

對新領域的批判開始出現……

類似的過程也存在運動之中。或許我們也須要抵抗舊／新、錯誤／正確二元論，否則，我們可能又會重犯這些錯誤，落入世代之間的「戰爭」，並對能否持續跟上最新術語、概念及實踐感到不安。

好的酷兒及壞的非酷兒

我們談到的許多批判,似乎都涉及酷兒理論不經意又陷入其他二元論:內／外、踰越／正典、基進／服從、解放／同化。就連批判二元論都會落入以二元思考,或許沒什麼比這更能顯示二元的概念多麼深入我們的思考與實踐。

無論是在酷兒理論還是運動中,另一個非常難抵抗的二元論就是酷兒／非酷兒二元論。這也對應到對／錯、好／壞二元論。如先前所提到,很容易會把過去的概念與實踐視作不夠酷兒,而新的概念與實踐則是更酷兒也更好。這種「比你更酷兒」的批判往往沒什麼幫助!

或許比較有用的做法是,把各種理論或運動看作是在**同時**創造新的可能性**與**問題、新的機會**與**限制。

酷兒理論何去何從？

現在你已經了解對酷兒理論的主要批判，及它內部的拉扯。這本書最後將討論酷兒理論近年的一些發展方向（有時是在回應這些批判／拉扯）。

酷兒理論家唐納‧E‧霍爾（Donald E. Hall）的文字遊戲「w(h)ither」很巧妙，因為我們既是在問酷兒理論走到哪裡（whither），也在問它是否已經枯萎（withered）。這是個重要的提問，自從酷兒理論開創以來，人們就一直在問酷兒理論是否已經過時了！

這裡我們會談到：

・新正典（在異性戀正典之後）。
・酷兒理論的近期轉向（特別是反社會轉向）。
・關於社群的酷兒思考。

153

正常的麻煩

酷兒理論的歷史上,麥可・華納這類作家很早就開始討論,當 LGBT 朝正常、服從、同化靠攏(像「同性」婚姻)伴隨而來的危險。

蘇珊・史崔克(Susan Stryker)提出「同性戀正典(homonormativity)」這個詞彙,描繪 1980 和 90 年代 LGBT 運動中,男同志和女同志成為運動中的主要身份(雙性戀與跨性別則是額外後話)。之後麗莎・杜根(Lisa Duggan)也提出「新的同性戀正典」。

我們常常可以看到同性戀正典的例子,像電視及電影中對於(白人、男性)「同志閨蜜」及同志家長的「安全」描繪。

螃蟹桶

奇幻小說作者泰瑞·普萊契（Terry Pratchett）用螃蟹桶來解釋正典。裝螃蟹的水桶不需要蓋蓋子：如果任何一隻螃蟹爬到水桶邊緣，其他螃蟹就會把它拉回桶中。而且水桶裡的安全感和穩定感，讓所有螃蟹都被誘惑想留在那裡。

即使我們能逃離異性戀正典這個螃蟹桶，也將處於危險之中，獨自在沙灘上慌忙亂跑，讓人很想跳入其他有自己一套規則與意識形態的螃蟹桶。因此有著同性戀正典，和雙性戀正典、多元愛正典、禁羈正典……

這實在有點諷刺。當人們看著那些主流桶子，嘲笑螃蟹把彼此拉回去，卻沒發現他們也在做一樣的事。

新正典

大衛・哈爾伯林（David Halperin）討論男同志文化中的新正典：那些人們監管自己與彼此的紀律系統，包括穿著打扮、飲食與運動，許多男性受此異化（alienated）。相對受苦於身體監管的女性擁有對應的女性主義批判，男性則通常缺乏這些資源。

許多人曾批判過同性婚姻以及它的殖民主義、種族主義、階級主義及性別歧視根源。迪恩・斯佩德（Dean Spade）提議，我們可以透過更酷兒的方式，爭取到和同性婚姻同樣的利益。對於那些最缺乏特權、最受此影響也最無法進入婚姻的人來說，這些更酷兒的方法也更加包容。

> 同性婚姻因讓人可以受益於他們伴侶的健康保險、獲得合法居留權、繼承財產，並在法律上被視為平等的。

← 女同志 & 男同志的官方解答

> 但那只限於那些想結婚的人，我們需要的是為所有人爭取更好的醫療制度、移民法規、法律福利以及家庭定義。

其他酷兒方法 →

迪恩・斯佩德

多元愛正典與禁羈正典

比起婚姻／單偶制關係，開放式非單偶制關係被認為可能是更酷兒且更道德的關係形式。然而埃莉諾・威爾金森（Eleanor Wilkinson）和米米・席佩斯（Mimi Schippers）則指出這類關係中存在的多元愛正典。羅賓・鮑爾（Robin Bauer）和薄荷糖（Pepper Mint）也對 BDSM 中的**禁羈正典**提出類似見解。

> 有伴侶／單身、有性／無性、情愛／朋友這些二元論還是通常存在。
>
> ——埃莉諾・威爾金森

新正典

> 新創的規則一樣容易變得僵固，而物化、不平等、對人的佔有慾也依然存在。
>
> ——薄荷糖

踰越（異性戀正典）的性行為，並不代表它們會帶來**變革**。即使禁羈實踐讓某些人得以抵抗異性戀正典，並讓他們對文化中的權力動態更有意識，但伊莉莎白・謝夫（Elisabeth Sheff）和科里・漢默（Corie Hammers）也點出許多禁羈及多元愛社群之中亦存在種族和階級特權。

因此，也有人在探索「酷兒親緣」及其他出自酷兒脈絡的非正典親密關係、家庭及社群，像是關係安那其及獨身多元愛*模式。

*譯註：沒有主要伴侶的多元愛關係

157

重點不是你做了什麼,而是你怎麼做

如我們所見,對於酷兒理論來說,去擾亂那些被視爲自然、理所當然、甚至強制性的異性戀狀態,就跟研究邊緣性向與性別同等重要,甚至可能更重要。這導致酷兒空間中經常會出現這個提問:

如果酷兒是你在做什麼事,而非你是什麼身份的話,那答案當然是肯定的。人可以感受到異性戀吸引力、進入異性戀關係,同時不用堅持這是自然正常的狀態,或認同性別及性向是二元的。

正如琳恩・薛高(Lynne Segal)和卡爾文・托馬斯(Calvin Thomas)等作者指出,面對性向和性別被視作身份與關係的基礎,某些異性戀吸引力、實踐與關係是有機會可以酷兒化或顛覆這樣的穩定概念。

另一個有趣的轉向

21世紀初出現**反社會轉向**，從原先對於重奪、重建、解放酷兒的性的關注，轉為強調或擁抱他們的反社會或「負面」特性。

如里奧·博薩尼（Leo Bersani）、李·埃德爾曼（Lee Edelman）、勞倫·貝蘭特（Lauren Berlant）、傑克·霍伯斯坦和莎拉·艾哈邁德（Sara Ahmed）等作者所指出，異性戀正典和新自由主義及資本主義對於「成功」的定義緊密相連，你要有生產力、有繁殖力、眺望未來、向上提升、累積財富，而「好的人生」應該要追求快樂、消費、穩定。酷兒受到誘惑去買單這些概念，可以看作是一種同化。因此霍伯斯坦認為**酷兒的失敗藝術**是一種創意性的處世之道，而不是缺乏服從社會正典的能力。

沒有未來

相對於自由主義酷兒運動試圖把酷兒帶到鎂光燈下，展示酷兒多有生產力、多穩定、多快樂，反社會酷兒理論家則提倡採取刻意的反社會立場。與其宣揚同志驕傲，我們應該要慶祝酷兒之恥。

李·埃德爾曼在《沒有未來》(No Future，2004) 一書主張，酷兒經常被視為是在威脅生育後代所帶來的延續與不朽。與其證明酷兒也能繁衍生殖，或許該做的是反對這種**殘酷的樂觀主義**（如勞倫·貝蘭特所說的），指出我們不可避免的死亡，以及這類新自由主義希望背後的問題：例如忽視生育孩子所帶來的生態影響。

你不想延續你的基因嗎？

到最後這些沒有任何意義，擁有小孩並不會讓任何人免於死亡。

李·埃德爾曼

酷兒感受

在《快樂的承諾》（The Promise of Happiness，2010）這部文化評論著作中，莎拉・艾哈邁德談到快樂（現今被構建的模樣）對某些人來說更容易獲得，特別是那些更輕易符合「正典」的人。他認為快樂是一種文化祈使，指引我們走向特定生活樣貌，遠離其他選擇。快樂被承諾給那些願意以「正確」方式過生活的人，這些方式包括婚姻、小孩、家庭、職業。

艾哈邁德指出，我們需要「不快樂的酷兒」、「掃興的女性主義者」和「哀傷的移民」來挑戰這些框架，才能讓社會更平等：獲得愉悅不必以他人為代價，也不必服從有問題的權力階級。

161

情感和時間轉向

賽菊寇、艾哈邁德和貝蘭特都是推動酷兒理論**情感**轉向的一份子,把關注放在情緒經驗,以及我們如何透過感受影響他人與受他人影響。

其他還有安·克維特科維奇(Ann Cvetkovich)在書寫憂鬱症作為文化及政治現象,以及林賽·穆恩(Lyndsey Moon)在研究異性戀治療師如何建構個案的情緒:酷兒個案會被描述成具有攻擊性、擔心受怕、狠毒及可恥,異性戀個案則被描述為堅決、驕傲、孤獨及脆弱。

這也涉及到另一個轉向,從**時間性**(或時間)去思考酷兒並強調:

- **未來性**:例如慕諾茲(José Esteban Muñoz)酷兒式想像的未來。
- **幽靈學**(hauntology):過去以及對未來的願景如何作祟影響當下。
- **酷兒(非線性)時間**:像是如果從轉變性別的時間點來看,一位較年長的跨性別者有可能比更年輕的跨性別者,更有年輕的感受。

> 酷兒時間指的是,生命不受家庭、繼承和養育後代等傳統劇本約束所帶來的潛力。
>
> 傑克·霍伯斯坦

酷兒主體性

回應針對酷兒理論的某些批判,許多「反社會」酷兒思想家開始更關注現實狀況以及國家和跨國境的經濟與政治脈絡。

也有人更明確轉向關心生活經驗和酷兒主體性。艾哈邁德結合酷兒理論與現象學(對經驗的研究),慕諾茲則指出酷兒作家們應引用個人經驗。

凱薩琳・強生(Katherine Johnson)對性向研究提出「**心理社會宣言**」,結合酷兒理論觀點及情感經驗研究。例如他分析了酷兒的矛盾情感(如何渴望歸屬與接納,同時抵抗異化他們的正典)。他也探索**情感運動**(affective activism)如何創造連結與轉變的可能性,像是以參與式手法組織關於酷兒自殺傾向的攝影展覽。

> 有時候我們會希望自己能像你一樣,有時候我們懷疑你怎麼忍受的了自己。

・瑪莎・雪莉・

超越酷兒

許多新興領域在處理交織性所面臨的各種挑戰。這些領域將酷兒理論延伸至性向與其他軸向的交織處，或是回頭為酷兒理論帶來思考這些交織處的新方式。

打殘理論（crip theory）引用身心障礙的社會模式，認為障礙之所以為障礙，是因為社會是為特定身體（例如能爬樓梯的身體）構成的。對於那些將身體與愉悅框限在正典／偏差的論述，打殘理論不但在挑戰這些假設，還指出在食物與交通等面向上，所有身體都是**互相依賴**的，藉此去擾亂獨立／依賴二元論。羅伯特·麥克魯爾（Robert McRuer）是這個領域的貢獻者之一，而海倫·斯潘德勒（Helen Spandler）則是在書寫瘋狂與身心障礙的關係。

亞歷克斯·伊恩塔菲

> 打殘理論挑戰這樣的假設：身心障礙人士是無性的，並不會是潛在伴侶。也挑戰將身體與愉悅侷限於正典／偏差二元論的框架。

更進一步

肥胖研究重新框定對於「肥胖」的道德恐慌，應該要關注的是文化生產的恐胖（fatphobia），而不是肥胖的身體。夏洛特·庫柏（Charlotte Cooper）和卡洛琳·華特斯（Caroline Walters）等作者在探討關於性別、性向、種族、階級的主流論述中，肥胖扮演著什麼角色。

無性戀研究關注於無性戀經驗，擾亂異性戀正典之中重要的性命令（理所當然地認為體驗到性吸引力是自然正常的）。馬克·卡里根（Mark Carrigan）、CJ·查辛（CJ Chasin）和約瑟夫·德拉普（Joseph De Lappe）是這個領域的幾位重要研究者。

酷兒性工作結合酷兒理論和性工作運動，以擾亂異性戀正典中看待性工作的邏輯，質疑工作／非工作二元論，並反抗強加在性工作者身體的正典／偏差二元論。馬利·萊恩（Mary Laing）和愛倫·泰勒（Allan Tyler）是這塊領域的兩位貢獻者。

後酷兒？

早在酷兒理論這不受規訓的學門開始之初，人們就已經說我們身處於後酷兒理論（post-queer theory）的時代。在酷兒理論「成熟」之後，這樣的情況更加興盛，出現書籍和期刊在提問《現在的酷兒理論還有哪裡酷？》（What's Queer about Queer Studies Now？，2005）及檢視《後酷兒政治》（Post-Queer Politics，2009）。後酷兒政治從原先對異性戀正典與酷兒之間邊界的關注，轉移至具更交織性的觀點。

在《性之後？》（After Sex？，2011）合集中，許多酷兒理論家都在處理自身寫作中不酷兒的是什麼，同時質疑「酷兒」到底是什麼。還有「性別」。還有「寫作」。也質疑線性時間的概念，基於線性時間，我們才會問現在是在某事的「前」或「後」。

對於現在是後酷兒理論這樣的說法，我們認為最大的問題是，酷兒理論的那些關鍵概念與提問還沒怎麼滲入日常生活之中。酷兒理論還有著待完成的重大任務：將其想法傳達給重要的人群及場域。

自我認同為 LGBT 的人

約 5%

約 80%

某種程度上非正典的 性向/性別/親密關係

懷有禁羈遐想的人、不完全符合二元性別或性向框框的人……

酷兒社群

酷兒理論對於酷兒及其他社群很實用，特別是關於線上及實體空間中的常見拉扯。

在以下種種可理解的渴望中，我們可以窺見一斑：

- 打造**安全空間**，只容納擁有相同經驗或身份的人。
- 打造規則，指示空間中合宜／不合宜行為（例如，關注對某些議題標註**觸發警示**的重要性，但不重視其他議題；採用**非暴力溝通**，但同時又想避免**語氣監管**）。
- 透過公開羞辱來打造**批評**問題行為的正典。
- 藉由決定誰最有發言的權力來補償壓迫。

（樹上標語：不接受異性戀／不接受順性別同志／不接受雙性戀／只接受看起來夠酷兒的人）

這樣的社群
很容易會延續創造
某種階級，其中某些
性／別的身體、身份、行為
會被認為比別人更有道理。

茱莉亞·席拉諾

酷兒化社群

這種社群的運作方式伴隨風險：

- 建立與監管更階級化的二元論及好的內圈／壞的外圈。
- 把有問題的行爲歸咎於個人，而不是歸咎於更廣泛的文化論述。
- 基於參與所需的教育水準及對術語的熟悉程度，進一步排他（通常與階級、年齡、文化及身心障礙相關）。
- 在廣泛文化壓迫帶來的毆打與瘀青之外，排他經常會對「兩邊」的人都帶來羞辱與背叛的痛苦。
- 走回頭路，以固定身份來區分容納／排他，及伴隨而來的各種問題。
- 物化及非人化那些被排除的人。
- 在定義任何社群空間的過程中，會使某些身份特別突出（我們已經讀過這會帶來什麼問題）。

打破雙重束縛的酷兒方法？

因此席菈諾和其他人提出，我們需要批判性質詢並抵抗這種（正典）程序，也就是預設採用「他們／我們」的思維方式，以及這樣的雙重束縛（double-binds）把人放在什麼樣的位置上。舉例來說，圈內人會處在一個不安的位置，隨時害怕會「做錯事」，而已經被踢出的圈外人則會處在一個被羞辱的位置上。

重要的是，這並不意味著要**捨棄**（更）安全的空間、道德行為守則，或放棄指出有問題的行為、涉及的權力動態及壓迫結構。這樣只是跳到好／壞二元論的另一側。相反地，這麼做是要意識到，若建構社群是基於本質身份、普世假設、他們／我們二元論，會伴隨哪些風險。

酷兒思考

除了介紹酷兒理論的學術世界,我們也希望這本書能對人們的日常生活有所幫助。如果我們想開始在日常中更酷兒地思考與行動,我們到底能怎麼運用酷兒理論?*

試著避免本質化與均一化事物。不管你在思考什麼東西,它大概都是複數而非單數,而且是一個過程,並非固定不變。你討論它的方式是否能反映多元性及流動性?你是否可以同時意識到多種可能的解讀方式?

---

* 你可以試試看對於特定的性或性別身份、實踐、表徵,逐一思考這些建議。像是想想看,你最近看的電視節目或是最近的對話,和這些議題的關係。

（全然）酷兒思考

試著避免非此即彼的二元論：男／女、異性戀／同志，除此之外還有性積極／忌性、正面／負面、好／壞、真實／虛假、本質／建構、健康／有害、踰越／服從、同化／解放、改革／基進……

不如去問，一個想法或表徵打開及關上了什麼。什麼被納入，什麼被排除？是否可以同時「這和那」而不用「非此即彼」？*

請記得，酷兒＝做什麼（doing）≠是什麼（being）。專注在**如何**以酷兒的方式做事，而非區分**什麼**是或不是酷兒。專注在它造成什麼**影響**，而非你認為它是真的／假的、對的／錯的。

---

* 當然，有可能它關上的遠比打開的多，反之亦然。即使這樣也不代表它沒有批判性，或是忽視道德上的影響。

批判思考所有形式的性向和性表徵,並質問他們所維護的意識形態和權力關係(不只是那些顯而易見酷兒或踰越性的,也不只是那些明顯是異性戀或正典的!)

試著避開難以避免的個人主義:將問題歸咎在個體,而不去檢視流通中的文化論述及結構程序。也試著避開難以避免的身份,像是試圖定義誰(不)屬於這裡,誰(不)是酷兒,以及其他設立「我們╱他們」分類的思維方式。試著避開普世化:認定所有類別裡面(或外面)的人都有相同的經驗。

> 你無法脫離文化。
> ——羅薩林·吉爾

留意性別理論家羅薩林·吉爾（Rosalind Gill）的這句話。正如酷兒理論所指出，我們周遭的文化是極度二元的、個人主義的、本質主義的、基於身份、普世化的。這就是為什麼酷兒社群和理論家常常落入那些我們認為有問題的思考模式。如果每次落入這樣的行為，就要責備自己（或他人），是沒有幫助的（更別提這樣只是歸咎於個人）。麗莎·杜根認為酷兒是一種基進的可能性。它有時候會實現，有時候不會。

> 引用巴特的話，我們要「保持在『正典』的意識狀態，然後去拆開它、弱化它、分解它。就像我們把一塊糖泡進水裡溶解一樣。」
> ——麗莎·杜根

回到這本書最開始對「酷兒」所給出的多重定義。讓我們揭露正典的奇怪之處、擾亂現狀、宣告與重奪那些被排斥的東西、形成新的傘狀聯盟，讓我們以這些方式來酷兒化事物。

更多資源

這本書中，我們盡可能地介紹了許多重要作家與書籍。請記得**那些對話框不該被視爲字面上的直接引用**。我們通常有改寫過，來傳達作者的想法，而不是實際用字。

進一步了解酷兒理論：

Sullivan, N.（2003）. *A Critical Introduction to Queer Theory.* New York: New York University Press.
Spargo, T.（1999）. *Foucault and Queer Theory.* London: Icon Books.
Wilchins, R.A.（2004）. *Queer Theory, Gender Theory: An Instant Primer.* New York: Alyson Publications Inc.
Jagose, A.（1997）. *Queer Theory: An Introduction.* New York: New York University Press.
Piontek, T.（2006）. *Queering Gay and Lesbian Studies.* Champaign: University of Illinois Press.
Downing, L.（2008）. *The Cambridge Introduction to Michel Foucault.* Cambridge: Cambridge University Press.

性向與性別入門書籍：

Johnson, K.（2015）. *Sexuality: A Psychosocial Manifesto.* Cambridge: Polity Press.
Weeks, J.（2009）. *Sexuality.* London: Routledge.
Fausto-Sterling, A.（2012）. *Sex/Gender: Biology in a Social World.* London: Routledge.
Fine, C.（2012）. *Delusions of Gender.* London: Icon Books.
Richards, C. & Barker, M.（Eds.）（2013）. *Sexuality and Gender for Mental Health Professionals: A Practical Guide.* London: Sage.
Jackson, S. & Scott, S.（2010）. *Theorizing Sexuality.* Maidenhead: Open University Press.
Gauntlett, D.（2008）. *Media, Gender and Identity: An Introduction.* London: Routledge.
Gill, R.（2006）. *Gender and the Media.* London: Polity Press.

酷兒理論著作合集：

Hall, D.E. & Jagose, A.（Eds.）（2012）. *The Routledge Queer Studies Reader.* London: Routledge.
Morland, I. & Willox, A.（Eds.）（2004）. *Queer Theory.* Basingstoke: Palgrave Macmillan.
Richardson, D. & McLaughlin, J.（2012）. *Intersections between Feminist and Queer Theory.* Basingstoke: Palgrave Macmillan.

應用酷兒理論：

Serano, J.（2013）. *Excluded: Making Feminist and Queer Movements More Inclusive.* New York: Seal Press.
Eisner, S.（2013）. *Bi: Notes for a Bisexual Revolution.* New York: Seal Press.
Barker, M.（2013）. *Rewriting the Rules: An Integrative Guide to Love, Sex and Relationships.* London: Routledge.
Bornstein, K.（2013）. *My Gender Workbook.* London: Routledge.

線上資源：

Hey Hetero art project, http://tinafiveash.com.au/hey_hetero.html
Rochlin heterosexuality questionnaire, http://www.pinkpractice.co.uk/quaire.htm
Homoworld, http://www.youtube.com/watch?v=HJXw8PthD0M
Shields, K.R. & Tilmman, D., "Love Is All You Need?", http://loveisallyouneedthemovie.com/the-short
Bic pen reviews, http://thoughtcatalog.com/nico-lang/2013/02/the-10-best-amazon-reviews-of-bic-pens-for-her-so-far
Gender-switched parody of "Blurred Lines", https://www.youtube.com/watch?v=tKfwCjgiodg

致謝

梅格─約翰想感謝基拉·賈米森、漢娜·達維爾、賈斯汀·漢考克、海倫·鮑斯─卡頓、傑伊·斯圖爾特、卡羅琳·沃爾特斯、麗莎·唐寧、艾德·洛德和巴尼，他們激勵了這本書的誕生並提供寫作上的幫助。

朱爾斯想謝謝基拉·賈米森和梅格─約翰·巴克，他們使創作這本書的經歷既刺激又有趣，也感謝阿利斯泰爾·博姆協助排版，及泡了無數杯茶。

作者簡介

梅格─約翰·巴克博士是一位專精於性、性別和親密關係多樣性的作家、治療師和運動者─學者。梅格─約翰是開放大學（Open University）心理系的資深講師、《心理學與性向》（Psychology & Sexuality）期刊共同創辦人、《雙性戀報告》（The Bisexuality Report）共同作者、「批判性學（Critical Sexology）」系列研討會共同主辦者。他投身於創造兼具批判與友善的自助工具，包括書籍：《重寫規則》（Rewriting the Rules）、《恆久之愛的秘密》（The Secrets of Enduring Love）、《享受性愛（怎麼做、什麼時候、如果你想要的話）》（Enjoy Sex (How, When and If You Want To)）。他在部落格 www.rewriting-the-rules.com 發表關於酷兒議題的文章及小誌，像是〈異性戀霸權出了什麼問題〉、〈同志權利和女性主義運動，請回歸你的假設〉、〈酷兒關係〉、〈特權＆壓迫，衝突＆同情〉。

Twitter：@megjohnbarker

朱爾斯·席利是一位自由插畫家和圖像敘畫者，同時也是從 2008 年開始活躍於英國漫畫界的漫畫家。過去客戶包括 VICE 雜誌、衛報、BBC4、Red Bull、艾倫·狄波頓的人生學校、IBM、Edelman UK、Damn Fine Media、Scriberia 與 Kerrang！等。他的作品曾被刊載於衛報、VICE UK、Dazed Digital 與 Digital Arts 雜誌。他曾作為藝術助理參與吉隆·吉倫和傑米·麥凱爾維的漫畫系列《音樂魔法：單身夜店》（Phonogram: The Singles Club）。目前他作為藝術家與瑞奇·米勒共同創作《市郊》（Metroland），該書由艾弗里·希爾出版社出版。除此之外，他與莎拉·布羅德赫斯特共同經營女性主義小誌社群「一拍小誌（One Beat Zine）」，定期出版女性主義和性別議題選集，也舉辦演講及工作坊。

Twitter／Instagram：@julesscheele
線上作品集：julesscheele.com

圖解酷兒史
Queer: A Graphic History

作　　者	梅格—約翰・巴克（Meg-John Barker）
繪　　者	朱爾斯・席利（Jules Scheele）
譯　　者	Zito Tseng
審　　訂	劉文
責任編輯	李佳霖
編輯助理	林玟伶、洪寶儀
手 寫 字	林婉筑 @eastlin8333
裝幀設計	東、陳文翔（Penny）@3cwwwp3
內頁排版	陳文翔（Penny）
印　　刷	紅藍彩藝印刷股份有限公司
ISBN	978-626-96157-3-5
初　　版	2024年8月
定　　價	NTD 600
出 版 社	自牧文化事業有限公司
	地址：100台北市中正區開封街一段105號6樓之11
	電話：02-2361-3960
	Email：zimu.contact@gmail.com
	網站：zimu-culture.com
總 經 銷	紅螞蟻圖書有限公司
	地址：114台北市內湖區舊宗路二段121巷19號
	電話：02-2795-3656
	傳真：02-2795-4100
	Email：red0511@ms51.hinet.net

圖解酷兒史／梅格-約翰.巴克（Meg-John Barker）作；朱爾斯.席利（Jules Scheele）繪；
Zito Tseng 譯. -- 初版. -- 臺北市：自牧文化事業有限公司, 2024.08
　面；　公分
譯自：Queer : a graphic history
ISBN 978-626-96157-3-5（平裝）

1.CST：同性戀 2.CST：性別研究 3.CST：性別認同 4.CST：歷史
544.75　　　　　　　　　　　　　　　　　　　　　　　　113011644

國家圖書館出版品預行編目（CIP）資料

QUEER: A GRAPHIC HISTORY by MEG-JOHN BARKER, ILLUSTRATED by JULES SCHEELE
Copyright: © 2016 Icon Books
This edition arranged with The Marsh Agency Ltd & Icon Books Ltd.
through BIG APPLE AGENCY, INC., LABUAN, MALAYSIA.
Traditional Chinese edition copyright:
2024 ZIMU CULTURE CO., LTD
All rights reserved.